教育：
生命对生命的影响

李 明 著

北京出版集团
北京教育出版社

图书在版编目（CIP）数据

教育：生命对生命的影响 / 李明著. -- 北京：北京教育出版社，2023.9
ISBN 978-7-5704-5841-7

Ⅰ.①教… Ⅱ.①李… Ⅲ.①教育研究 Ⅳ.①G40-03

中国国家版本馆CIP数据核字（2023）第163283号

教育：生命对生命的影响
李明　著

*

北京出版集团
北京教育出版社　出版

（北京北三环中路6号）
邮政编码：100120
网址：www.bph.com.cn

京版北教文化传媒股份有限公司总发行
全国各地书店经销
河北宝昌佳彩印刷有限公司印刷

*

710 mm×1 000 mm　16开本　15印张　207千字
2023年9月第1版　2023年9月第1次印刷
ISBN 978-7-5704-5841-7
定价：58.00元

版权所有　翻印必究
质量监督电话：（010）58572525　58572393

前 言

两千多年前，一个叫孔子的中国思想家用"无违""无改"给"孝"定了标准。

20世纪，一位叫爱因斯坦的犹太裔物理学家用"把在学校学习的东西全部忘掉之后还留下来的东西"给"教育"做了诠释。

二者的异曲同工之妙，源于二者的无法尽释之难。

"教育"是一个内涵极其丰富的充满魔力的词。从古到今，从中到外，从哲人大贤到普通民众，它让每一个身在其中的人都不由自主地以自己的价值取向去思考、去解读，更让每一个痴心于教育的人去探索、去践行。

人们不停地追问：教育的本质是什么？

人们不断地回答：教育的本质是传授知识，是启迪智慧，是唤醒生命，是促进生长，是获得幸福，是一朵云推动另一朵云……

想想确实如此，细思却不全面。因为当我们把教育的内涵界定在任何一个范围时，就意味着它同时失去了范围之外的其他含义。

如果问："仁"是什么？我们或许有一千种解读，而孔子仅用两个字给"仁"下了定义："爱人"——即保持这种恒定的规范和行为，这就是仁。

同样，我理解的教育也是一种行为状态，那就是：生命对生命的影响。

蔡元培先生说："知教育者，与其守成法，毋宁尚自然；与其求划一，毋宁展个性。"我认为，教育者应该秉承人性的善良和对教育本质的理解，在生命对生命的相互影响中实现教育的目标追求与社会价值。

校长的教育思想对学校的发展和人才的培养具有决定性的作用，一个有责任感的校长应该不断探求教育的本质，引领学校发展，引领师生成长。

这是我凝练"教育：生命对生命的影响"思想的初衷。

2016年11月7日下午，由教育部中学校长培训中心主办的"全国优秀中学校长李明教育思想研讨会"在上海华东师范大学举行。在会上，我阐释了"教育：生命对生命的影响"的思想内涵，表达了"让教育在生命的影响中发生"的教育追求，并从学校文化建设、校本课程构建、课堂教学改革、师生成长及学校治理等方面与各位专家、同人分享了自己的教育实践和收获体悟，导师及专家们给予了令我至今仍感热血沸腾的评价——"教育：生命对生命的影响"教育思想以及思想指导下的教育实践，其现实价值"不仅体现在对中西部县级中学的引领和示范，而且这种基于生命、尊重生命的教育思想更昭示着社会转型中卓越教育家可贵的教育坚守"。

令我感动的不是专家们所给予的赞誉，而是他们对我这数十年"坚持"的深深"懂得"。南开大学原校长张伯苓曾说过一句话："欲成事者，须带三分傻气。"从当年的青年教师，到如今的"资深"校长，这几十年来，世界那么大，我也没有想过"去看看"，自从遵照父亲遗嘱回到家乡从事教育工作以来，似乎就是在傻傻地坚持着这么一件事儿。如今，我终于在日复一日但又日日不同的坚守中逐渐明白了学校教育的价值和意义所在。

无论身在何处，想到淮河之畔这所已经与我的生命融为一体的学校，想到蓝天白云下生机勃勃的校园里一个个鲜活的生命，我就仿佛听到了花开的声音，心里充满了幸福和满足。

我知道，面对教育转型性发展的时代诉求，教育家型校长担负着重要的历史使命。一个优秀的校长，首先要有自己对教育的理解与认识，能够形成自己的教育思想，并在实践中不断丰富与完善。因为，没有思想的教育是盲目的，没有实践的教育是空洞的。一个真正致力于学校教育的校长应该始终坚守在教育一线，投身于教育实践，全面践行自己的教育思想，给师生、学校乃至所在区域以积极的示范与引导，并在实践中不断丰富和完善自己的教育思想。

面对时代的变革，校长要永远走在成长的路上，无论是思想上的丰富、发展，还是实践中的探索、革新，都需要校长终身学习、不断创新。

这是我撰写此书的初心。

"白日不到处，青春恰自来。苔花如米小，也学牡丹开。"这首孤独了两百多年的小诗重新发出了光芒。苔花最打动我的地方，是其所呈现出来的每个生命都努力生长、尽情绽放的精神。

也许，在大家林立的教育理论界，我的思考深度是有限的，有些观点与做法还值得商榷。但校长的教育思想既影响着自身的办学行为，又影响着教师和家长的教育行为，关系到学校的发展和学生的未来，甚至影响到相关区域的教育走向，有责任、有担当的校长就应该勇于面对教育改革与发展的挑战，责无旁贷地扛起引领者的重任。所以，我想我们还是不应妄自菲薄，而是要学习"苔花"的精神，要在对教育现象的不停思考中、对教育本质的不断追问中，不断磨砺精神，不断生成智慧，不断加深对教育的理解，从而绽放自己的思想之花。

此书是对我自己基于探索实践的教育思想的凝练过程和发展脉络的梳理，也是对"教育：生命对生命的影响"思想指导下淮滨高中办学实践的成果总结。总结已有的经验，正是为了更好地思考未来。倘若拙作还能起到些微"对中西部县级中学的引领和示范"的作用，则又是另外一种欣然了。

时间仓促，加之水平所限，拙作尚有很多不足之处，还望各位同人不吝赐教。

感谢！

李 明

2023年6月于河南省淮滨高级中学

目 录

第一章 明理：
在探索中寻求路的方向

第一节　用"力"当校长 ……………………………………… 3
　一、权力的运用 …………………………………………… 3
　二、能力的提升 …………………………………………… 12
　三、毅力的磨炼 …………………………………………… 16

第二节　用"脑"办学校 ……………………………………… 19
　一、理性思考 ……………………………………………… 20
　二、大胆变革 ……………………………………………… 25
　三、汇聚智慧 ……………………………………………… 29

第三节　用"心"做教育 ……………………………………… 34
　一、初心不忘 ……………………………………………… 35
　二、爱心不减 ……………………………………………… 40
　三、痴心不改 ……………………………………………… 46

第二章 悟道：
教育是生命对生命的影响

第一节　叩问教育本质 ……………………………………… 53
　一、对教育现象的思考 …………………………………… 53
　二、对教育本质的追问 …………………………………… 54

　　　　三、对教育本体的把握 ……………………………………………… 56

第二节　领悟教育真谛 ………………………………………………… 63
　　　　一、影响的内涵 …………………………………………………… 64
　　　　二、生命的本质 …………………………………………………… 68
　　　　三、教育的形式 …………………………………………………… 69

第三节　探寻教育意义 ………………………………………………… 86
　　　　一、教育助力生命自信 …………………………………………… 86
　　　　二、教育催发生命自明 …………………………………………… 89
　　　　三、教育促进生命自觉 …………………………………………… 91
　　　　四、结语 …………………………………………………………… 92

第三章　引领：
影响的深视角

第一节　思想引领 ……………………………………………………… 97
　　　　一、学习提升以理明道 …………………………………………… 97
　　　　二、营造氛围以文化人 …………………………………………… 101
　　　　三、依托载体以身践行 …………………………………………… 108

第二节　价值引领 ……………………………………………………… 113
　　　　一、为生活幸福奠基 ……………………………………………… 114
　　　　二、为生命精彩引航 ……………………………………………… 116
　　　　三、为使命担当铸魂 ……………………………………………… 119

第三节　生命引领 ……………………………………………………… 123
　　　　一、师德——浸润生命精神 ……………………………………… 124
　　　　二、师能——点燃生命光亮 ……………………………………… 127
　　　　三、师识——提升生命智慧 ……………………………………… 132

第四章 对话：
影响的平视角

第一节 对话的载体——课程 ······ 141
 一、实施国家课程校本化工程 ······ 142
 二、开发丰富多彩的特色课程 ······ 144
 三、构建多元供选的课程模式 ······ 144

第二节 对话的场所——课堂 ······ 146
 一、学校课堂1.0版：让角色转变 ······ 149
 二、学校课堂2.0版：让学习发生 ······ 150
 三、学校课堂3.0版：让智慧生成 ······ 153

第三节 对话的动力——评价 ······ 163
 一、基于"生命成长"构建多维评价体系 ······ 163
 二、基于"生命对话"运用多维评价方式 ······ 172
 三、基于"生命影响"完善多维评价机制 ······ 181

第五章 生成：
影响的长视角

第一节 社团活动：展示生命风采 ······ 189
 一、形成愿景，催发生命自明 ······ 189
 二、规范管理，绽放生命活力 ······ 191
 三、丰富成果，树立生命自信 ······ 195

第二节 创客活动：开启生命智慧 …………………………………… 198
    一、立足现实，植入创新理念 …………………………………… 198
    二、着眼特色，营造创新氛围 …………………………………… 201
    三、注重体验，生成创新品格 …………………………………… 205

第三节 实践活动：提升生命价值 …………………………………… 214
    一、秉承追求，强化担当意识 …………………………………… 214
    二、搭建平台，丰富活动内容 …………………………………… 217
    三、注重实效，成就使命高度 …………………………………… 224

结　语 ……………………………………………………………… 227

第一章
明理：在探索中寻求路的方向

不同的人的不同人生，在于他是在做着自己想做的事，还是在做着他应该做的事。

苏霍姆林斯基曾说过："有怎样的校长，就有怎样的学校。"作为校长，我始终认为，校长的定位与境界往往决定了学校的定位与境界，"一个好校长，就是一所好学校。"虽然，我不能说自己是一个好校长，但是我始终勉励自己有教育家办学一样的追求。现在想来，二十多年的校长经历从"校长何为"的角度来看，大体经历了三个阶段：

第一阶段，用"力"当校长阶段。这一阶段，是我当校长的初级阶段，管理一所学校，更多的是模仿与执行，可以说是用"力"做校长阶段。这一时期，关注的是管理。

第二阶段，用"脑"办学校阶段。这一阶段，更多的是用"脑"做校长。我想得最多的是升学率如何提升，课堂教学效率如何提高，如何实现各项评比的超越，如何有效地进行"训练"和"控制"，等等。这一时期，我在积累了一定经验的基础上，开始动用"脑力"，运用技巧，探索解决问题的方法与策略。这一时期，关注的是学习。

第三阶段，用"心"做教育阶段。这一阶段，我从另一个高度去思考校长的使命，更深入地思考与追问教育的真谛，从而意识到，一个教育工作者应该满怀对生命的敬畏并遵循教育规律，在生命与生命的相互影响中实现教育的个人价值与社会价值，也就是要用"心"做教育。这一时期，关注的是生命。

第一节 用"力"当校长

27年前，上级的一纸任命书，让三十多岁的我成了这个当时占地不足三十亩的高中学校的校长。从此，我由一个充满激情的基层教育工作者开始向学校管理者转变。我的工作内容，不再仅仅是教书和育人，更多的是学校大大小小的事务：开会、听课、沟通、协调、谋划，解决学校的人员、财务、教学等问题。我开始学习掌握履行岗位职责必备的知识和技能，熟悉相关的法规政策，在实践中努力提升自己的组织管理水平、品德修养以及专业能力。这一时期，我用的是"力"——权力、能力、毅力……

一、权力的运用

从职责上讲，校长是学校的最高行政长官，拥有法律赋予的行政权力，要将学校内部事务和与学校相关的社会公共事务协调恰当并负起责任。

从理论上讲，校长负责制下，校长拥有了更多的自主权，能够操控学校的人力、物力、财力，以此来根据自己的规划促进学校朝着某个方向发展。但如何有效运用权力，如何运用好手中的法定权、奖励权、专长权、强制权，这也是牵涉到管理理念、规章制度和运行机制的一门学问。

这门学问，我得从头学起。

我能管什么？不能管什么？能管的应该怎样管？不能管的又该怎么办？一个个问题萦绕在我的脑海。

校长既要处理好与上级、下属的纵向关系，也要处理好学校与学校、领导与领导的横向关系；校长要懂决策、执行、协调、监督、服务；校长要熟悉各种手段，如行政手段、经济手段、纪律手段、教育手段、宣传手段；校长同时要参加培训、学习知识，与人交流、讨教经验，实践探索，反思总结……

现在回头看看，稚嫩的我初当校长，确实经历了一番摸索与思考，也走过一些弯路，有些事情可能处理得不是很好，但我仍庆幸当时的我于百事缠身之际，首先让自己弄明白了三个问题：

第一个问题：我想做什么？

第二个问题：我该做什么？

第三个问题：我能做什么？

在繁杂的事务中，有了这三个问题的指引与警策，我才不至于迷失方向。

（一）我想做什么

梳理了一下，当时我最想做的是三件事：一是迅速提升学校的形象，二是提升教师的信心，三是提升自己的能力。

1. 提升学校的形象

我想全面改变学校教师的精神面貌，提高教育教学水平，让当时各种评比总是稳居全市倒数第一的淮滨高中彻底摆脱"淮老十"的帽子，彻底改变学校的形象。

信阳市位于河南省南部，虽然地处偏僻，但教育成绩，特别是高中阶段的教育成绩一直在河南省地市排名中名列前茅。而在信阳市的八县二区中，淮滨县的成绩在全市县区排名却一直靠后。淮滨高中作为淮滨县的重点高中，理应撑起淮滨县高中教育的大旗，但在我当校长初期，由于种种原因，淮滨高中的成绩却总是垫底，毫不隐瞒地讲，位列第十，因此人称"淮老十"。每年高考成绩出来之后，人们在茶余饭后总是把本县高考成绩作为谈资，讥笑者有之，惋惜者有之，憎恨者有之，失望者有之。那时，淮滨县的社会舆论让我压力很大，甚至本校部分教师也对高考成绩逐渐失望起来，导致学校教师"战斗力"下降，打不起精神，学校工作氛围散漫。因此，我当时最想做的就是改变学校教师的精神面貌，提高教学水平和高考成绩，为淮滨高中的教育争一口气、撑一片天。我当时日思夜想、费尽心思想做的就是摆脱淮滨高中教育教学落后的现状，摘掉"淮老十"的帽子，全面提升学校的形象。

2. 提升教师信心

作为校长，我应该立足学校自身基础，确立长远发展目标，做好学校发展顶层设计，让老师们能够看到学校光明的未来，从而增强信心，提升自身的职业幸福感和归属感，也从根本上改变优秀教师不断流失的状况。

那时，由于淮滨县是国家级贫困县，县域经济的落后导致教育工作滞后，加之办学条件相对落后，学校基础设施薄弱，教师的工作环境差、福利待遇低，而且同时很多发达地区都在招教、招干，教师变换工作的机会很多，许多教师，尤其是青年骨干教师流失现象严重。师资力量薄弱影响到学校办学的声誉，加剧了优质生源的流失，导致了教学质量的下滑。而教学质量的下滑引起社会对学校办学的不满，也给"留守"教师的工作情绪带来了很多负面的影响。

这一切，不仅引起我对这所学校的重新思考与定位，也更让我意识到教师对于一所学校发展的重要性。

怎样改善办学条件？如何提升教师的信心和职业幸福感？

经过多方奔走，不断筹措办学经费，我们的学校终于又加盖了一栋新的教学楼。办学硬件有了，配套软件问题就来了。教师在哪里？生源哪里来？带着这两个问题，在县委、县政府的政策支持下，淮滨高中首次面向全国招聘优秀师范毕业生，这些来自五湖四海的优秀师范生为新一届的淮滨高中注入了新鲜的血液，淮高迎来了首届扩招。

面对新的发展目标，学校必须有新的措施，而促进教师的专业成长则是增强学校合力的重要任务。于是，在教师队伍的建设中，实行学科组长责任制，实行青年教师培养导师制，以老带新，以新促老，结对发展，使每一位教师都动起来；每学期举行学科研究课、观摩课、名师展示课，骨干教师示范课，新教师汇报课，为教师转变教学观念、提高教学水平提供学习和交流的平台；鼓励青年教师报考在职研究生，指导教师开展系列课题研究，为教师的专业成长铺平道路，帮助每位教师找准专业发展方向；建立多元评价机制，对取得进步、获得成绩的教师及时进行肯定和表彰。这样一来，不仅鼓舞了教师们的斗志，增强了教师们的信心，也大大提升了教师们的成就感和幸福感。

3. 提升自己能力

我想不辜负上级的信任和父亲的期望，让自己成为一个好校长。而一个好校长应能熟练地掌握和运用教育规律，并且总结实践经验进行理性思考，因为校长的理论水平在某种程度上代表学校的发展水平。我深深地意识到，必须抓紧时间学习，提升自身的理论素养。虽然作为一校之长，我集教育者、管理者和领导者的身份于一身，事务繁多，但只要尽力去挤时间，抓住一切机会，还是能够快速提升自己的。

校长不仅是一个工作岗位、一个领导职位，也是一门专业。校长专业化发展，是新的教育形势对校长提出的更高标准和要求，也是校长自身成长的必经之路。没有校长的专业化成长，就不可能有先进的办学思想和办学理念，就不可能有科学规范的学校管理，学校也不会有持续的发展动力。

为了迅速提升自己，我抓住一切机会参加各级各类教育管理方面的培训，深入学习先进的教育管理理念，研究学校、教师和学生，注重理论联系实际，用思想指导实践。总的来说，我主要通过以下几个途径来提升自己的能力：

（1）读书

我买了很多与教育和管理相关的书籍放在办公室里，每天一有空就读，尽量多地汲取他人的经验。

（2）交流

我和老教师交流，了解学校的历史渊源、一草一木；和老领导交流，学习他们的教育心得和管理经验；和学生交流，了解他们的问题和困惑；和社会人士交流，了解他们对淮滨高中的期待和建议。

（3）培训

我参加各级教育机构组织的校长培训，也经常到兄弟学校学习，借鉴他们的管理经验，开阔自己的视野，拓宽自己的思路。

（4）研究

我开展教育管理方面的课题研究，丰富自己的教育理论知识，提升自己的科研素养，理性分析遇到的困难和困惑，将问题课题化，系统思考解决问题的路径。

（5）实践

实践是检验真理的唯一标准，我更喜欢在实践后去总结反思工作的成败得失，以此理清思路、调整方向，通过实践磨炼和反思总结，不断提高自己的思想认识水平和管理能力。

（二）我该做什么

当校长，应该明白校长的任务是什么。我认为，当校长不仅要着眼于校内的管理事务，还要时常跳出来审视学校和教育者的地位和角色，想办法去"经营"学校，这样才能对学校进行有效管理。校长的事务千千万万，其中有三个方面尤为关键：一是坚持人本管理，二是学会分权分责，三是加强队伍建设。

1. 坚持人本管理

个人的成长经历让我认识到学校是发展人的场所，学校管理的思想应该建立在对人的本质的认识基础上，构建学校管理模式也应以对人的解读为前提。由此，我确立了人本管理的理念，充分尊重人的价值，把谋求人的全面自由发展作为管理的最终目的，注重全面开发人力资源，用自己的生命去影响人，激活人的思想信念，调动人的积极性和创造力，在生命的相互影响中去塑造人、发展人。

2007年夏季，淮滨高中新校区建设基本完工，开始招收第一届新生。为了满足新校区的教师配备，学校进行了第一次大规模招聘。当年招聘新教师80多人，大多数是刚毕业的师范生。怎样才能让新教师尽快适应教师角色？如何对新教师进行专业培训？怎样才能促进新教师快速发展？领导班子高度重视这些问题，在暑假对新教师进行了几轮不同层面的培训，帮助他们尽快熟悉教学工作内容，提升自身教育教学能力。

校长，是行走的校园文化符号。有什么样的校长就会有什么样的学校，一个好校长应引领教师通过自己的力量去树立自主发展意识，丰厚自我文化底蕴，促进自我专业成长。等风来，不如追风去，专业成长的路上，更需要每一位教师勇敢去追，勇敢去尝试。

2. 学会分权分责

管理学家格里菲思说过："教育管理的实质就在于控制决策的过程，决策是任何教育管理的核心。"校长具有对学校重大事情进行决策的权力，但对于一般性问题，应采取分权决策的方式。想要下属承担责任，就要赋予下属履行责任相应的权力。学校实行年级主任负责制，处室与年级并立，赋予年级主任相应的权力，使其相对自主地管理本年级的工作和事务，直接对校长负责。实行年级主任负责制使管理更加科学，更具有针对性、实效性，能激活基层管理并培养一批后备干部。而且，让学校的每个领导都有"权"有"责"，有利于激发大家的主动性和创造性。

自上任以来，各种事务接踵而至，办学经费不足、师资力量堪忧、安全责任紧迫、生源问题严重、高考形势严峻，还要应对上级频繁的检查评比……每天从早晨忙到深夜，事情一大堆，虽然手中有一定的权力，但权责对等，各项事务的责任也非常沉重，我常常忙得焦头烂额。

新校区开建后，靠透支精力和体力，我支撑了一年，但身体真的有些吃不消了，常常失眠焦虑，我仿佛苍老了十岁。经历了诸多事情之后，我意识到，应该改变这种状况，否则很可能"出师未捷身先死"了。

校长要"舍得"放手，要学会抓大放小。有时候方向比努力更重要，如果校长事事都亲力亲为、锱铢必较、眉毛胡子一把抓，可能会捡了芝麻丢了西瓜，而且任何人在这种高强度工作压力下都难以坚持下去。想起之前领导对我的培养和信任，我认为只要把握好大方向，定好"大盘子"，其他工作就可以充分放手让中层干部去干，而自己在信任他们的同时，必要时给予他们指导即可。此外，我还要敢于承担责任，以此给他们支撑。我经常说的一句话就是："放手去干，出了问题我顶着。"就这样，学校实行了年级主任负责制、处室主任负责制，把权力下放给中层领导，让他们之间各司其职、互相配合，尽力做好自己的分内之事。遇到问题，年级、处室负责解决，解决不了的汇报给校级领导商定解决。渐渐地，在大家的共同努力下，淮滨高中这艘大船稳步前行，我也不那么累了。

3. 加强队伍建设

人是最重要的资源，也是一切力量之源。在当时学校内外部环境都亟待改善的状况下，我坚信事在人为，只要学校教师、管理干部队伍的思想素质和业务素质不断提升，学校就能朝着既定的目标良性发展。尤其是师资队伍建设，更是学校建设与发展之根本，是学校各项建设的核心。

每天与一个个师生相遇并彼此问候，我在想：这些教师中有的半生已在这个学校度过，有的还将在这里度过半生，孩子们将在这里度过三年的青春时光。他们的生命会给学校带来什么样的影响？学校又在他们的生命中留下什么痕迹？

有次自习课，我发现班里的一个男生正在嬉皮笑脸地说闲话，因为他平时表现不怎么好，自制力比较差，也是我重点关注的对象，所以这次刚好逮着的教育机会，我可不会轻易放过，于是我极其严厉地当着全班学生的面训斥他，可能是当时我话说得比较难听，伤了他的自尊，他当场顶撞了我，这让我更加气愤，随口怒骂道："不想上就滚！""滚"字说得非常重，全班鸦雀无声，他好像被震住了，怔在当场。我余怒未消地又怒视了他一会儿才离开了教室。

那时，我也是刚当班主任，没有什么经验。我以为我尽到了老师管教学生的职责。然而，随着时光的推移，我逐渐意识到我们师生之间的隔阂就在那一刻产生了，因为一直到高三毕业，他都没再主动跟我说过一句话。更为严重的是，他也一改往日的活泼开朗，变得寡言少语，很少再跟其他同学嬉笑打闹了，原本还算不错的成绩也逐渐下滑，在后来的高考中，考了个不知名的专科学校。

现在想想，真的是很后悔，这也成了我心中永远的痛。

——一位班主任的反思

从此例中可以看到，高中生正值叛逆期，心理较脆弱，容易受外界影响。这位老师也因年轻气盛，控制不好情绪而说了不该说的话。一句话不仅可能影响学生的成绩，还可能影响学生的性格、观念；一句话不仅会影响一个学生的高中时期，甚至在以后相当长的时间内都会对该学生产生负面影响。这是一种消极的影响，一种失败的教育。一个生命错误地影响了另一个生命，不仅让学生对教师产生了抵触情绪，对学校产生失望之情，而且让一个生命变得自卑、堕落、心灰意冷……

由此可见，教师也是有个成长过程的。为此，学校不断完善师资管理体制，营造良好的人文环境，增加培训和交流，在教育科研、课程建设、课堂改革等方面对教师队伍的发展进行专业化引领，大力推进教师专业化进程，加强师德培训，完善教师评价机制，激励教师创先争优。

我担任校长初期，由于各方面的因素，学校优秀教师流失严重，干部队伍组织涣散，竞争力不强。经过反思总结，我认识到工作上的一些不足，开始和教师们用心用情交流，同时有计划地打造干部队伍和名师队伍。在当时学校资金紧缺的情况下，我依然尽我所能请一些名师专家到学校为教师们讲学培训；分批派遣教师到外地学习深造；经常彻夜和一些干部成员谈理想、谋发展、论管理；大胆放权给一些有志之士，让他们迈开脚步，积极参与学校各项事务。此外，我坚持以情留人，通过人性化的暖心活动，深化教师对学校的感情，提升他们的职业成就感和幸福感。就这样，一支高素质的教师队伍慢慢形成、慢慢壮大，学校拥有了面向未来进一步发展的实力和保障。

功夫不负有心人，在那段艰难又充满激情的岁月，短短几年时间，学校干部的能力明显加强，一些骨干教师迅速成长起来，成为淮滨高中的一根根支柱，为学校的发展提供了强有力的支撑。同时，这些干部和教师也取得了很多成绩和荣誉，多人获得省市级"五一劳动奖章"、学术技术带头人、优秀班主任、优秀教师等荣誉称号，他们也逐渐承担了更多责任，成为学校的中流砥柱。在这些骨干教师的带动下，学校的整体精神面貌有了很大提升，教师业务水平明显提高，家长和学生越来越满意，各项工作开展得有声有色。可以说，大家都在为学校的发展而努力奋斗着。

（三）我能做什么？

要想弄明白我能做什么，首先得确定我不能做什么。能做的事很多、很广泛，但不能做的事一定要谨记。

虽然说人无完人，但人们似乎更难容忍一个学校校长有这样或那样的毛病及缺点，即便这个校长兢兢业业、鞠躬尽瘁，一心一意为学校谋发展。所谓"学为人师，行为世范"，校长应该在知识和道德上严格要求自己，充当世人楷模。

说实话，当时血气方刚的我只想大刀阔斧地开创学校新局面，并不在意一些流言蜚语，不畏惧触及部分人的利益或是违逆个别领导的意志，也不怕会有什么指责书、举报信之类的干扰，始终坚信只要行得端、坐得正，就不必畏首畏尾、小心翼翼。

但有一点，我很清楚：失德的事儿坚决不能做。记得有人说过，校长最大的职业风险是道德方面的风险。这话不假，道德风险也是我头顶常悬的一把达摩克利斯之剑，始终警示着我。

我告诉自己，无论何时，一定要守住自己的底线，即便将来没有达成自己的目标理想，也一定不是败在"德"字上。

当校长的第一年，二哥对我说："你当校长，有一件事绝对不能做，那就是在'钱'上栽跟头。你需要多少钱，只管跟我们说，公家的钱一分都不能动。记住：除了你自己，没有人能够打倒你。"

其实，哥哥们不仅在生活上帮助我，在事业上更是不遗余力地支持我。在我数次面临困境时，亲人不计得失的支持给了我很大鼓励，也让我在最艰难的时候能够挺过来。同时，他们的爱也让我更加严格要求自己，在人生面临困难和诱惑时，我都坚守本心，不忘使命，不做违法乱纪、违背道德之事。因为这个职务赋予我的权力让我必须恪尽职守，我不能只为自己活着，我不能让最亲的人对我失望，我也不能让全县父老乡亲对我失望。

走过了这二十多年的风风雨雨，我依然谨记这句话："除了你自己，没有人能够打倒你。"

做人，当有所为，有所不为。做事，当有所惧，有所不惧。明白了自己不能做的事儿，也就清楚了自己能做的事儿，遇事就不会有那么多犹豫踌躇，内心清明了，做事才能有理有据、有条不紊。

二、能力的提升

"规划学校发展、营造育人文化、领导课程教学、引领教师成长、优化内部管理、调适外部环境"，这是《义务教育学校校长专业标准》从"价值领导、课程领导、组织领导"三个维度明确规定的校长六项专业能力。新的时代对基础教育提出了新的要求，这让我深深认识到，要想成为一名合格的中学校长，必须具有履行岗位职责的能力，还要善于学习和创新，能够适应更高的要求，能够应对未来的挑战。

我深知，作为一所学校的校长，想要全面胜任领导工作，必须具有集领导、管理、教育于一身的综合能力。这种能力包括组织决策能力、指挥实施能力、社会公关能力、综合协调能力以及教育科研能力等，这些能力来源于思考能力、预测能力、洞察能力、判断能力、应变能力等，这些能力不是天生的，而是要靠不断地学习、实践、磨炼，逐渐积累，慢慢提升。同时，我也明白，这些能力的提升除了自身的主观努力外，还受客观环境的影响。

（一）坚持自我提升的能力

从理论上讲，在实行校长负责制的学校，学校工作由校长全面负责，校长是学校行政的最高负责人，法律规定的校长权力似乎是不可侵犯和剥夺的。但在现实情况下，教育本身也是政治的一部分，有时候，校长的赋权是极其有限的，并且校长权力的大小，受个人能力的影响，而能力则与校长的资历、成长背景以及学校的环境等因素密切相关。

刚当校长的我没有什么资历，年纪轻，根基浅。记得在当校长的前一年，我负责学校的质量评估工作，因为在上级检查时与领导意见不一，有位领导半开玩笑地说："就你这种观念，恐怕再过十年也当不了校长！"

其实这位领导也没恶意，他就是个直爽性子。一年后，我被任命为淮滨高中校长，他见到我，还有些不好意思地说："你还真当上校长啦，当初是我看走眼啦！"

又过了几年，一个偶然机会，我们在一起吃饭，他说："你还真是个合格的校长！后生可畏，佩服佩服呀。"

我明白，他对我由否定到接受再到肯定的转变，跟"校长"这个职位关系不大，而是对我工作能力的评价，也许是经过几年的努力，我干出了那么一点点成绩，让他刮目相看了。

（二）指导教育教学的能力

教育教学是学校的中心工作，校长只有懂得教育教学的方法和规律，才能在工作中引领示范，在教学改革中把握方向，在学校生存中谋求发展。我深深懂得，让一所学校"起死回生"的重点就是建设一支强有力的教师队伍，而校长则是教师专业发展的最有力的促进者。校长自身的专业水平再高，如果不能促进学校一线教师的专业水平的提升，那么对于学校的发展也不会有太大的价值和意义。因此，我尽一切力量帮助教师建立学习共同体，为教师提供学习成长的机会和平台，营造良好的学习环境，提升教师自主发展的能力。

我认为，校长还应是教育研究的领衔者。除了要完成常规的教育教学任务外，校长还要基于时代背景，找到更适合孩子成长的教育方法。陶行知先生所倡导的那些"新教育的方法"犹记在心："符合目的""依据经验""共同生活""积极设施""注重启发""唤起兴味""责成效率"……而要找到科学有效的教学方法，显然需要深入思考和研究，这就要求教师们不仅能高效完成手中的教育教学任务，还要将自己在工作中遇到的问题整理出来，作为研究课题加以探究，为教育过程中出现的问题提供有效的解决方案。教师的课题研究意识怎样增强？研究能力如何培养？这都需要校长的引领。校长只有具备一定的教育研究能力，才能引领教师们认真琢磨教育教学工作中出现的问题、难题。通过深入系统的研究，找出解决办法，既能提升教育教学成效，也能促进教师自身的专业成长。当然，在这个过程中，校长也能及时发现学校存在的问题。只有在问题上精准下功夫，才能研究出对策并及时调整。

记得参加工作初期，因主观上认为教育科研离自己的本职工作很远，且整日忙于学科教学、班级管理，我对课题、论文等方面其实并不怎么感兴趣，也没有做什么课题研究。那时候在教学工作中遇到了问题，大多是请教别的教师或自己思考，凭感觉解决教学问题。当校长后，我逐渐意识到教育科研对于教师的重要性，因为这是解决实际问题、提升自己业务水平的重要手段。当然，做课题研究也是比较艰辛和枯燥的，教师主动参与的积极性并不高，因此我必须以身示范，做好引领工作。

于是，凭借着当年读大学时的有限经验，我开始学习相关理论知识，熟悉课题研究的流程步骤，从网上查阅资料，进行归纳整理……就这样，我和几位教师从小课题开始做起，从身边的问题开始研究，熟练之后再对一些复杂问题进行研究创新。在研究的过程中，我也有了更多的思考和感悟，对教育有了更深的理解，对学校的发展前景也有了新的思路。就这样，我逐渐带动教师们走上了课题研究之路，引领他们从经验型教师向专业型教师转变，教师们的理论水平和专业素养有了大幅度提升。学校教研风气逐渐好转，科研氛围日趋浓厚，课题研究取得了可喜成就，研究的成果登在一些报纸刊杂志和网站上，还获得了多项省市级的教学成果奖和教科研成果奖。

（三）引领学校发展的能力

作为学校发展的引领者，校长应高瞻远瞩，科学规划学校未来发展，并能够带领全校师生为了共同的目标团结奋进。因此，工作中，我时时处处将学校的发展作为首要考虑因素，结合学校的实际情况和时代背景，充分研讨，制定切实可行的发展规划，确立阶段性发展目标。作为校长，我想我有责任经营和管理好学校，根据实际情况来统筹安排学校的人力、物力和财力等资源，组织协调各方面力量，目标一致地搞教学、促发展，最大限度地发挥学校组织的效能。但同时，我也深切地认识到，学校是存在于社会环境中的一个机构，同很多其他部门有着密切的联系，也受到多种因素的影响和制约。因此，我们应善于利用周围的各种资源来协助学校教育的开展，注意协调好各种关系，通过积极沟通，为学校争取更多的资源和条件，获取更多的支持和帮助，以保障学校健康有序发展。

当初，淮滨高中仅有一栋教学楼和一栋办公楼，学校规模很小，只能容下十几个班，师资力量也很薄弱，办学条件在全市所有县城高中学校中是最差的。面对如此情景，我非常焦虑，但并没有抱怨和放弃，我相信凭着实干和努力，情况会一步步好转的。当时我的规划很明确，也比较单纯，主要有以下五个方面：

一是加盖教学楼和宿舍楼，让更多的学生能来到淮滨高中读书；

二是购买教具和实验器材，提高教学效果，丰富学生学习体验；

三是建设一个大的操场和一个大的图书馆，丰富学生的课余生活，提高学生综合素质；

四是提高教师业务水平，通过多种方式促进教师专业成长；

五是提高升学率，提高学校知名度和影响力。

虽然这些规划在当时看来遥不可及，但通过多方努力，在随后的短短几年内，都陆续达到了目标。当然，这中间充满着很多辛酸苦累，有过太多的夜不能寐和心力交瘁。但我知道，当校长，就是要承担这份责任。为了更好地促进学校的发展，我一步一个脚印地默默努力着，虽然有些目标规划当时看起来似乎很难实现，我也不曾退却过。

三、毅力的磨炼

众所周知，校长并不好当。管理一所学校，事务繁多，压力巨大，这其中有学生发展、教师发展和学校发展的压力，也有办学设施压力、安全压力、政治压力等。在具体工作中，校长要面临职工积极性问题、师资问题、教学质量问题、安全问题、外部教育环境问题等诸多问题。如果没有坚定的信念和坚持的精神，在举步维艰的初期阶段，就有可能放弃了自己的追求。因此，我认为，要当好校长，还需磨炼自己的毅力。在教育环境快速变革、不少学校盲目跟风的时候，我提醒自己要牢牢把握实施素质教育这个大方向，始终围绕学生的成长、教师的提升、学校的发展这三个方面，无论面对怎样的考评，始终坚持自己的理念，并以自己的理解与坚持去影响身边的同志、同行。

（一）一点儿一点儿改变

"百优"教师陈延周说的一句话很有道理："再微小的改变，只要是朝着好的方向变化，都是有价值的，都是对教育中的每个具体生命的成全。"

当时的淮滨高中占地约30亩，仅有一栋三层的教学楼、一栋办公楼和一个小操场。每个年级有6个教学班，全校教职员工共80余人。教学设备落后，教学硬件严重不足。教室不够，招收不了更多的学生；操场太小，容不下全校学生在课间同一时间做操；没有实验室，物化生实验课没法上，教师只能纸上讲实验；办公条件差，没有像样的教具；教师流动性大，几乎每个假期都有教师流失……种种问题，常常让我夜不能寐。限于学校规模，作为县重点高中，学校每年最多只能录取四百多名高一新生，而全县大约有五千多名初中毕业生，大量的初中生不能顺利升入高中学习，有的学生背起行囊到邻县借读，更多的则只能放弃学业。这种情景让我心酸，更让我心急如焚。然而没有教室，没有足够的教师，没有操场，拿什么来办学？

在当时的条件下，想一下子解决问题是不可能的，我就想着一点点改变。先是经过多方奔走，得到了县委、县政府的支持，到2004年，我们终于争取到资金，在学校后面狭小的家属区又划出一块地，增建了一栋六层的教学楼，实现了第一步的扩招。

不管怎样，我们当时的方向是明确的，那就是一步一步改善办学条件，最终把淮滨高中变成一所漂亮的、著名的、有影响力的学校。有梦不怕路远，这个目标引领我走到今天，我也因梦想的实现而倍感欣慰。

（二）一趟一趟学习

如何调动教师的工作积极性？如何深入开展教研活动？如何让课堂真正活起来？如何提高高考升学率？这些都是非常棘手又迫切需要解决的问题。当时，学校只能努力争取机会，分批组织教师外出学习、参观，借鉴别人的教学方法和管理经验，回来自己揣摩运用，反复实践，再结合学校的实际情况，不断改进和完善，整合成一套适合自己的方法。

记得十几年前，为了使学校更好更快地发展，为了有效提高学校教师的教学能力和专业水平，当时我们想方设法筹措资金带领教师到外校参观学习先进经验。刚开始为了节省开支，我们基本选择相对较近的学校。信阳市八县二区的优秀高中几乎被我们跑遍，那时候县城环境还比较差，公路也不像现在那么宽阔平缓，有时候还要经过一段土路，大家经常在车上被颠簸得东倒西歪，下车后又是雨天一身泥，晴天一身灰。我们一般都是白天参观学习，夜晚赶回，有时回来都三更半夜了。回到学校以后，我要求教师们必须写出学习心得，并在规定时间内上交。后来，经费稍微充裕一些，我们就远赴山东、河北、浙江、上海等地学习。

借鉴模仿是创新的基础，那个时候，我们缺的是眼界，少的是经验，通过一趟趟地学习，我们取得了一些真经，回来后结合自己的教育教学实际，加以改进完善，快速提升了教师的教学水平，促进了教师各方面的成长，也为学校的发展提供了更多的方法和思路。

（三）一次一次忍耐

在管理工作中，权力的运用也不是得心应手。学校里的很多同志都是教过我的恩师，还有以前的老领导，在工作中难免会触及原则问题，在"情"与"理"之间权衡也是相当艰难的。有时候难免会遭受忌恨与误解，这时候我总是告诫自己：一定要保持理性克制，公平公正，对事不对人。

我还记得当时为了改造学生宿舍，需要拆迁部分教师的住房，经过沟通协调，大部分教师同意搬离，但也有比较固执难以协调的，最后一个"钉子户"就是当年高中教过我的老师，他甚至指着我的鼻子骂我"忘恩负义"。但我没有退缩，因为我坚信这是为了学校、为了学生更好地发展，我也相信我的做法是对的，会得到绝大多数人的支持。为大家而舍小爱，这是当校长必须作出的选择。

还有一年，一位教师因为孩子上学入班问题请求我放宽一些条件，因为涉及原则问题，我只得狠心拒绝了这位教师的请求，之后他情绪激动并与我发生言语冲突，但我始终坚持原则。有时候，别人劝我不必这么较真，既跟别人过不去也让自己为难。每当这时我都微微一笑，不予解释，因为我心里知道，一旦开了这个口子恐怕以后就会"决堤"，我要对学校负责，对全体师生负责，就必须坚持原则。

手握权力，我时刻提醒自己要处事公正；面对难题，努力提升自己解决问题的能力；背负责任，靠着毅力坚持不懈向前走。就这样，我在上级的要求、社会的期待与学校的具体工作之间寻求平衡。没有别的，就是想把这所学校管理好，让师生满意，让社会满意。

这是我当校长的初级阶段，管理一所学校，更多的是模仿与执行。这一阶段主要是用"力"——权力、能力和毅力"做校长"。

第二节 用"脑"办学校

《孟子》有云:"谨庠序之教,申之以孝悌之义。"提到"学校",我的目光便忍不住穿过漫长的历史时空,投向那一个个依次排列的画面:孔子于杏坛上弦歌讲学、稷下学宫纷繁吵嚷、鸿都门学异彩纷呈、董仲舒躲在帷幔里让老生带新生、王阳明立德立功立言讲学……

随着时代的发展,普及教育成为社会客观需要,近代公立学校逐渐兴起。按照定义,学校是教育者有计划、有组织地对受教育者进行系统的教育活动的组织机构。学校教育是由专职人员和专门机构承担的有目的、有系统、有组织、有计划地以影响受教育者身心发展为直接目标,并最终使受教育者的身心发展达到预定目的的社会活动。

然而,在我眼里,这却不是普通砖瓦堆砌、围墙圈起的一个地方,而是一方千万学子在此会聚、成长的乐园,是一个个生命逐渐发光、最终腾飞的圣殿。

如果说教育是为了让孩子更好地成长,那么学校就应为师生成长提供良好的环境。然而,在相当长的一段时间里,在应试教育的体制下,许多人对学校的期望却是能让孩子考个好成绩,很多人评价一所学校的唯一标准就是考试成绩,于是学校不得不将短期目标变成升学率和上名校的人数。学校教育的中心被定位为学习和分数,目标是成绩的提高和升学人数的增长。可是,学习、分数,这些毕竟只是孩子们成长过程中所涉及的一部分。正如后来习近平总书记在党的十九大报告中所指出的那样:"要全面贯彻党的教育方针,落实立德树人根本任务,发展素质教育,推进教育公平,培养德智体美全面发展的社会主义建设者和接班人。"所以,我一直认为,学校教育的任务应该是培养人,培养全面发展的人。

曾经读到一篇文章,一位医院的院长在谈及医德时说:"面对医生,患者毫不犹豫地脱得赤身裸体,无比信任地吃下难以下咽的苦药,甚至心甘情愿地切除自己体内的某个器官,还对医生心怀感激。患者把生命都托付给了医生,你怎么能不肃然起敬、一丝不苟呢?"

读了之后,我深有感触,由此也联想到学校教育。人们把生理上的生命交给了医生,将精神上的生命则毫无保留地托付给了教师和学校。成功的学校教育应该是:孩子们在学校里学习、生活,不仅得到知识和能力上的提高,而且通过教师良好的引导和影响,在精神品质方面也获得提升,这些品质能在他们以后的良性发展过程中起到根本性的作用,因此,他们对教师和学校是满怀感激的,这种发自内心的感激令他们视自己的学校为"母校"。

任何工厂制造的产品都有可能随着时间的推移而落后,而学校的工作却历久弥新,那一届又一届的学生,用自身几年的时光诠释着生命的成长和精神的发展。我们也在年年与这些青春期孩子的互动中,获得了一种成就与自豪。有着这样的荣誉和责任,我们还有什么理由不抱着神圣的、敬畏的心态,来面对如此信赖学校的学生和充满着期望的学生家长呢?我想,学校的意义就在于为生命之间产生这样的影响而建造人类的精神家园。

因此,我认为,办好一所学校,首先需要确立先进的办学理念,其次是采取有效的方法策略,最后还要能够积聚众人的智慧。

一、理性思考

(一)认识学校本质

当人类走过最初的言传身教,当专门的组织机构应运而生,庠、序、学、校、塾……这些名称的出现标志着人类的教育活动进入了一个自觉的历史时期。近代启蒙思想家郑观应言："学校者，造就人才之地，治天下之本也。"梁启超也说过："亡而存之，废而举之，愚而智之，弱而强之，条理万端，皆归本于学校。"

所以，我认为，办学校，首先要明白学校的本质。学校是一种道德型组织，一所学校的教育教学质量不仅仅要看升学率，更要看该校能否更好地促进生命发展、教育发展、社会发展，能否更好地弘扬高尚精神、优秀品德，以益于国家民族、人类社会。公办学校是政府给公民提供教育服务的机构，承担着为国家输送人才的职责。此外，学校不仅要培养学生，促进学生的成长和发展，也要促进教师的成长和发展。

学校为受教育者提供学习的场所，向受教育者传授科学文化知识和传递现代文明。学校是提供教育服务的组织，大多是为幼儿、青少年提供学习和成长机会的机构。我们知道，孩子从小应该是渴望自由生长，不愿意受约束的，然而对学习的需要使得家长将孩子送到学校来进行学习活动，而孩子在学习中并不是没有乐趣的，只是有可能不愿意被约束和管教着学习。所以，我想，学校教育的目的应是使用恰当的教学方式和教学策略来引导孩子学习，让学习充满乐趣，让他们在学习过后有所收获。

故而，我认为，学校必须能够给学生带来独特的生活体验，以促进个体的发展。每个学生都是一个个体，在自己家里不可能有那么多同学的陪伴，而学校通过开展各种教育教学活动将诸多独立的个体关联起来，让学生在丰富多彩的校园生活中获得丰富的学习体验、生活体验，感受到集体的力量，这样的教育是个体独自成长所不能取代的。

此外，我还意识到，学校的另一个重要作用就是促进学生思维品质的提升。我们的学校应根据不同的学科和年级，按计划实施相应的教育教学活动和相关学习，用这些活动激发学生对自然、社会和人生等的思考，并试图去解答其中产生的疑问。在这个探究的过程中，学生会产生新的疑问和动力，从而不断思考，最终从一个懵懂的孩童成长为一个成熟的青年。

我们知道，高中是连接高等教育和义务教育的一个独立枢纽，高中阶段也是学生开始准备选择自己不同生活道路的关键时期。而中西部县域高中教育的发展受诸多因素影响，如果我们的学校不能为学生提供应有的教育资源，不能满足学生多样化的需求，那么对于学生将来的升学、生活和发展是没有积极意义的，如此一来，学校本身的价值也就值得深究。因此，只有正确认识中西部县级普通高中教育在国民基础教育中的功能、性质和地位，处理好发展规模和速度与教育质量和效益之间的关系，才能确保正确的办学方向，才能使我们的教育健康、有序地发展。

按照新课程改革的内在要求，普通高中办学标准是动态的，应该随着时代的发展、社会的需求、学生的特点而不断调整。作为国家级扶贫重点开发县，淮滨县地处豫东南，经济相对比较落后。我认为要想真正甩掉贫穷落后的帽子，必须改善教育条件，让更多的生命接受教育，用知识，更用获取知识的过程中培养出来的能力去提升万千学子的生命质量，从而改变他们的命运。苏联教育家马卡连柯说："培养人就是培养他对前途的希望。"的确，希望是热情之母。人是一个有意义的存在，学校教育就是要通过对人的自然生命的教化与养育，给人以尊严和希望，以提升人的生命价值，提高人的生命境界。

（二）勾勒理想蓝图

我们知道，教育有其自身的本质和规律，那么，如何才能在教育的变与不变中确立正确的方向，使学校沿着正确的道路发展呢？除了基础设施、管理制度、方案模式，在学校同质化竞争日益激烈的今天，或许，我们更需要赋予学校一种内在的精神，这种精神能够在千变万化的时势中牢牢守住教育的本真，能够让校园内的这一方天地成为一代代学子的精神家园，能够让一所学校的名字在人们的脑海里呈现出不一样的风景。

学校与学校的差别归根结底在于文化上的差别。我想，若要挖掘或创建自己独有的东西，应结合自身实际，扬己长、创己优，深入研究本土文化、学校传统、师生特点，从中提炼学校文化的精神内核，继而形成并不断丰富属于本校的独特的思想、精神和文化气质。

办一所真正促进生命成长的学校，这是我一直以来的梦想。

2006年，由于一家外地企业在我县投资办学遇到了问题，工程未能完结。经县政府批准，转由我校接手继续建设，完成后可投入使用。这个消息令全校师生十分振奋，因为新校区占地面积达300亩，不仅可以容纳更多的学生上课，还可建设标准的篮球场、足球场、乒乓球台、羽毛球场等，能给孩子们一个可以尽情运动的场地！

于是，全校教职工同心同德，开始了艰苦卓绝的努力。我们跑遍了全市所有的银行。一遍一遍地交材料、写申请、办手续、补缺口，面临无数次停工……经过多方筹措，历尽千辛万苦，我们终于建成了目前的淮滨高中新校区。

这所学校，凝聚了太多人的心血！这幅蓝图，在一双双手的描绘下，逐渐变得清晰、成为现实。

2007年，第一次大规模招聘教师，新校区首次招生，一共招收30个班，每班70人；2008年，第二次大规模招聘教师，招收新生30个班；2009年，全校实现整体搬迁；2010年，新校区第一届高中生毕业，刷新了往年的高考纪录。

从2007年到2009年，学校完成了两个校区的管理，实现了顺利过渡和整体搬迁；从2009年到2012年，学校完成了从一所小型高中到一所大规模高中的转型。当然，其中的艰难和困苦可想而知。

从2012年到2016年，学校每一年的高考成绩都会刷新上一年的纪录，淮滨高中也因此迅速成为豫东南受人关注的学校之一。当然，由于学校学生人数多，教师队伍大，管理上也会有不足的地方。学校在办学过程中遇到了诸多问题，如学校发展、干部任用、质量提升、教师成长等，无论是哪个方面的问题，都在考验校长的能力。因此，我时常告诫自己：这所学校走到今天，实属不易，我一定要让它变得更强、更好！

面对这所学校，我常常思考：学校作为一个可以连接起教育者、受教育者、教育活动的组织机构，它的作用与预期目标究竟是什么？我们又该如何组织活动来达到预期的教育目标呢？

每每走到学校的大门口，面对这所学校，看着书写苍劲有力的校名，我都深感责任重大，也总忍不住自问：作为校长，我想要一所什么样的学校？

我理想中的学校，并不仅仅是有精美的校舍、优秀的师生，最重要的是要有一种内在的精神气质。我清醒地认识到，这种精神的铸就，这种学校的产生，就是教育的光华所在。

无数个夜晚，眺望着校园上方的天空，我的内心充满激越的情感和强烈的冲动：理想、责任、使命……作为家乡的精神高地，这所巍然不语的学校该承载着多少人、多少个家庭的期盼和梦想啊！

（三）坚定办学理念

办学理念决定着办学方向，引领着一所学校的发展。作为一名校长，我深知应以前瞻的眼光树立正确的教育观、学校观和学生观，要有明确的办学理念，并将其融入师生的思想理念，指导具体的教育教学行为。

毋庸置疑，当前有些学校背离了教育目的，一味追求升学率，对孩子的成长造成了不利的影响。尤其是高中，大家最关注的就是高考成绩怎么样，每年考上北大、清华的有多少人，本一、本二进线多少人。在这样的不良导向下，部分学校自觉不自觉地向着提高分数去努力了，甚至单纯地为了升学而教学，用机械的方式训练孩子的学习方法和技能。我想，扼杀了孩子的天性和兴趣，其结果一定是与教育的目的相悖的。

有次参加一个自主招生考试相关会议，会上有位专家讲了这么一件事：

某个孩子因为取得了化学竞赛的奖项而通过了自主招生考试。然而该生被录取时却偷偷找到一个老师问：能不能换一个专业？只要不是化学学科，其他什么专业都行！老师很困惑：明明是在化学学科获得了竞赛一等奖，通过的是化学专业的自主招生考试，怎么能换专业呢？孩子坦白说，上高中时成天做化学竞赛题，做化学实验，真的是再也不想接触和化学有关的专业了！

这就是令人痛惜、催人反思的现实！如果学校教育不能激发孩子内心深处的兴趣和探究的欲望，反而破坏了他们的兴趣，不能促进生命的成长和丰盈，这样的教育价值何在？！

白天置身于热闹沸腾的校园中，注视着在我眼前一脸疲惫匆匆而过的教师与学生们；深夜行走在空旷无人的操场上，聆听着草木间的天籁，我常常陷入深思：我们的学校应该培养什么样的人？如何培养？前行的路究竟在何方？面对诸多挑战，我想我所要做的最重要的事就是把握教育的规律，树立科学的教育理念，坚持正确的办学方向。

二、大胆变革

沿着别人的路去走，每个人都会，难的是要学会思考，发现或走出一条属于自己的正确的路。因为，一个人走错了路，影响的是自己，一个学校走错了路，损失将不可估量。

（一）当理想遭遇现实

怀揣着美好的教育理想，但面对的却是严酷的现实。在新的形势下，学校发展面临着经济体制改革带来的巨变，传统文化与现代文化发生冲突，应试教育需要向素质教育转变，竞争空前激烈。而学校的现实却是：沉重的债务负担年复一年，机械单一的考评方式始终不变，社会支持相当贫弱，教育资源非均衡配置，教师队伍与实施素质教育以及教育现代化的要求极不适应，教师留不住、生源被抢走等问题一直得不到有效解决，学校工作千头万绪，内外环境更加复杂。

中西部贫困地区历来是普及高中阶段教育的最大短板，虽然近年来淮滨县整体教育面貌已经发生了很大变化，但与其他地区的办学水平相比，差距仍然显著。

中西部县域高中发展亟待"扶一把"

我国80%以上的高中阶段教育集中在全国2300多个县市区完成。完善、发展县域高中教育，对提高全民素质、促进农村剩余劳动力转移，对国家推动的工业化、城镇化、农业现代化发展的顺利实施，实现强国富民奔小康，都具有十分重要的意义。但目前，县域日益增长的高中教育需求与高中教育资源供给不足的矛盾十分突出，高中教育在许多地方尤其是中西部，成为县域教育发展的瓶颈。

一是这些县域内高中资源少。根据我对中西部某县的调研，2013年该县初中毕业生5229人，而全县共有3所普通高中，年计划招生1254人，只占全部考生的23.98%。

二是县域高中的发展与教育投入不足的矛盾十分突出。我们的调研发现，投入不足主要体现在以下两方面：

第一，债务沉重。政府要求学校扩大招生规模，而又投资不足，学校只好举债扩大教学场地，补充教育设施。据了解，该县省级示范高中欠债3000万元，年利息近200万元，偿还艰难。

第二，教育经费严重不足。

……

——中国教育报（2013-04-04）

正如当前中西部农村高中面临的诸多挑战一样，近十年来，淮滨高中在发展中遇到的新困难也是数不胜数。最初是新校区建设资金欠缺；后来面临新校区第一年招生，老校区还有二、三年级的学生，跨校区管理经验不足、问题繁多；全校八千多名学生，百分之九十来自农村，其中绝大部分是留守孩子，家校配合困难；此外，学校规模迅速扩大，师资力量储备不足，急需解决新聘教师专业发展问题、教师队伍管理问题、学校发展规划和行政管理问题、由于扩招带来的生源质量下降问题、学校学位不足导致的大班额问题等，总之，各种问题层出不穷。

其中，留守孩子的教育问题就是一个巨大的挑战。这些孩子父母不在身边，基本上单方面依靠学校教育。学校教育责任很大，压力也很大。

此外，骨干教师队伍建设亟待加强。新校区建成前后，教师队伍状况发生了很大变化，教师的专业化程度差别很大，教师队伍结构性矛盾突出，学科结构不合理，教师职业倦怠现象严重、信息技术素养不均衡、教科研能力不足等问题非常突出。

当理想遭遇现实，我有过焦虑，有过无奈，甚至有过沮丧。这时恰好有机会调任县里的其他领导岗位，但是想起父亲临终时唯一的嘱咐——"不要离开这块土地，不要离开教育"，我没有退缩，而是坚守自己的办学理念，克服困难，努力探索，积极寻求解决问题的方法。

（二）努力探寻方法路径

校长是学校管理的组织者，要想办好一所学校，就必须遵循教育的内在规律，必须实事求是，做好学校的发展定位。虽然我们面临的困难和问题很多，我们也可以坐等着国家和政府一步步加大对教育的投资，在教育大环境改变的时候适时跟上，但我总认为，与其寄希望于客观条件，不如努力找寻解决自身问题的方法，积极探索符合自己发展的道路。

要先找准问题，逐个击破。当前，社会发展对人的素质要求发生了变化，要求学校教育培养出多种类型的人才，但要突破现有的长期以来在相对陈旧的教育观念支配下已经形成的融课程、教学、评价、选拔为一体的办学模式，是相当困难的。随着思考的深入，我逐渐意识到，人的个性化发展需求与学校同质化发展之间的矛盾越来越突出，如何改变守旧的惰性，突破原来的单一模式，有效化解人才类别的多样化与培养模式的趋同化之间的矛盾，形成学校的特色，激发学校的活力，从而促进学校跨越式发展，这成为学校要解决的重点问题。

最初，看到因学校规模限制致使本县半数以上初中毕业生不能进入高中接受教育，我心急如焚，先是在有限的校园内增建教学楼，改善教学条件，提升教学质量；后又接建新学校，克服种种困难，终于建成一所能容纳近万人的新高中，并在县委、县政府的大力支持下，逐步解决了教室、图书馆、实验室、仪器设备紧缺等问题。此时，办学条件的改善，为学校推进教育教学改革，提高教育教学质量提供了物质保障，学校理论上拥有可以让更多的生命获得发展和提升的教育资源和条件了。

然而，建成一所规模相当的学校就是造福家乡吗？管理好学校就一定能培养人、发展人吗？学校应当教些什么？学生应当学些什么？德国教育家福禄培尔在《人的教育》一书中指出："儿童作为一个人，不仅应教给他学习对象的本身，还应教给他与该学习对象有关的知识，否则，教也好，学也好，都是没有思想的游戏，它们对人的头脑和心灵、精神和情感不会发生任何作用。"在淮滨高中这样一所学校里，学生正处于个性发展、人生转折的关键时期，面对经济困难、陪伴缺失的家庭现实，面对时代和社会对未来人才的需求，我想我们应该给学生的是能使其生命得到充分发展和提升的品质与能力。

就这样，在办学过程中，面临着各种困境和层出不穷的种种问题，但我始终秉持着自己的办学理念，在实践中探索方法，在思考中寻求路径。

（三）勇于变革与创新

我越来越感到，随着时代的发展，学校教育会面临许多新的问题，要解决这些问题，需要学校在组织、管理、评价等方面创新机制，以适应社会的不断变化。"变"是这个时代唯一不变的主题，关于这一点，我早有心理准备。想把学校办好，就要把挑战当作机遇。面对新时代对教育的新要求，只有转变思想，在继承中创新，在坚守中突破，全力推进学校的变革，才能求得学校的可持续发展。

在当今这个充满变化的时代，我们必须主动顺应时代发展的要求，在对学校文化与理念、决策与管理、课程与教学、素质与成绩等问题的解决中，勇于变革，积极创新。

其中，教与学的变革是学校最深刻的变革。自2005年开始，我们便积极探索课堂教学模式，实施课堂教学改革，其间，经历了五个阶段的探索，取得三次突破。当然，每一次的突破都是不容易的。因为很多时候，人习惯于沿着老路走，因为人的骨子里都有惰性，如果没有强大的推动力，人们更愿意选择停留在让自己舒适的地带之中，拒绝改变。我们在课堂改革的推进过程中曾经也遭遇过这样的困境。

我们探索形成的教育教学成果"'三段六块、立体交叉'课堂教学模式及课堂教学行动策略",从根本上实现了教与学方式的转变,获得了国家教学成果二等奖。但在当初的推行中也有不少教师对新事物的出现抱有不信任的态度,不愿意改变自己数年来形成的教学方式和习惯,因此产生抵触情绪,不肯深入研究、积极落实,甚至有个别教师质问:"让学生自己学,还要老师干什么?用这样的方式教学,如果学生成绩下降是谁的责任?"

虽然我明确表示:"实施课堂改革的后果由我来承担,如果出现成绩下滑,都是我的责任。"但推行的效果依然不理想。后来,经过领导班子研讨,我们转变了思路,既然教师们不愿意改变,我们就从学生入手,毕竟学生才是学习的主体。于是,我们以学习小组建设为抓手,制定了《淮滨高中学习小组建设指导意见》,从学习小组的建设到小组活动的方法策略给予了详细指导和规定,通过检查评比,激发学生合作学习的兴趣。很快,这种新的学习方式产生了效果,学生爱学了,乐学了,会学了。同时,学生的改变促进了教师的改变,经过一段时间的努力,教师也敢于放手了,就这样,课堂改革得以深入推进。

这件事让我更加意识到,校长必须保持理性的思考和活跃的变革意识,明确学校的发展方向,积极寻求变革的突破口和有效途径,给教与学带来深刻而实质性的变革,这样才能让学校在新与旧的交替中稳步前进,才能找到属于自己的优势,并在不断的实践和完善中逐渐形成自己的特色。

三、汇聚智慧

办好学校不仅需要方法,更需要智慧。这些智慧来自实践经验和体悟,来自师生思想的汇聚。

(一)提升学生的成长智慧

不同的人对学校教育的功能有着不同的理解。我最初对教育的理解主要是从"让学生成为对社会有用的人"出发,让学生在学校里学到知识,学到方法和技能，将来可以用自己的力量去改变自身的生存环境，用自己的作为去促进社会和国家的发展。随着时间的推移，我逐渐认识到，学校教育既不只是简单的知识和方法的传授，也不只是方法和技能的简单获得。

刚开始我只是一心想着要把学校办好，把升学率提上去，让家乡的孩子们不再因为学校容量小而被迫辍学，或被迫选择离乡求学。可是当我四处奔走筹措办学经费、改善办学条件之后发现，并不是改善了条件、提高了成绩就能达到满意的教育效果。

有一句俗语是这样说的："不吃饭则饥，不读书则愚。"可是有一天放学时，我在校门口值班，看到一个匆忙走路的学生不小心撞上一辆自行车，我清晰地听到那个骑车人轻蔑地嘲笑道："瞧你这学生，读书都读愚了！"而那个学生或许受到惊吓，或许不知如何开口，就那样傻呆呆地站着，面红耳赤地看着对方扬长而去。

这件小事对我触动很深。过后我一直在想，那个学生可能考试成绩并不差，可是面对那样的突发情况却手足无措，面对对方的蔑视他无力辩解，很显然，他需要培养自身处变不乱的定力、灵活应对的能力，以及不因外界而坍塌的自信力。林则徐在《观操守》中写道："观操守在利害时；观精力在饥疲时；能度量在喜怒时；观存养在纷华时；观镇定在震惊时。"我想，我所希望的学校，是孩子能够全面成长的地方，这个学校走出的学子是充满阳光和自信的，是充满智慧和力量的，而不是"高分低能儿"，或者"纸上谈兵"之辈。

苏霍姆林斯基说："一个人到学校上学，不仅是为了取得一份知识的行囊，更重要的是获得聪明。"我想，这"聪明"就是思考的发生、心智的觉醒、智慧的生成。学生的成长是过程而非结果，他们需要通过知识的学习获得智慧的生长，这些智慧包括生活的智慧、学习的智慧和发展的智慧。倘若我们的学校只教给他们一堆书本上的知识，而不是提升他们的成长智慧，助他们变得"聪明"，那么，他们当下的生命有何意义？未来的路又能走多远？

杜威曾经指出，教育是生活的过程，而不是将来生活的准备。我常心怀忧虑，在留守于家乡求学的孩子们的成长过程中，有谁能够随时为他们指点迷津、规划未来？陪伴缺失的他们将来即便能在某个领域有所成就，那他们自身能不能拥有高贵的精神和丰富的生命？由此，我进一步思考我们县域高中的办学方向和培养目标如何定位，如何能让这些鲜活的生命在接受完高中教育之后不仅能考取一所理想的大学，还能获取幸福生活的智慧、滋养生命的能力和不断进取的精神。带着这样的思考和追问，我不断审视高中阶段的教育，反思自己的办学思路。作为一名校长，我认识到自己只有坚持不断学习—实践—反思—提升，才能不断地成长进步，才能让自己的努力获得更好的成效，为家乡教育作出更多的、切实的贡献。

（二）提升教师的教育智慧

好的教师是学生一生的财富。朱永新说："没有教师的成长，学生的成长是不可能的。"稳步提升学校教育教学质量的最基本途径是深化学校的课程改革、推动教师的专业成长。此外，我认为，保障学校持续发展的关键还在于价值引导，在于确立科学合理的发展目标，营造文化育人的良好氛围。而这些，都离不开教师队伍的建设，离不开教师智慧的提升。

古希腊时期，人们把教师称为"智者"。学校的发展依赖于教师的教育智慧，而教师教育智慧的提升和丰富源于教师对教育教学相关问题的把握与研究。坚持科研是形成教师教育智慧并使其不断成长的不可或缺的经历。作为一名教师，对教育教学工作经常进行总结与思考是必不可少的，这也是普通教师与优秀教师的重要区别。

虽然，一线教师的教学任务繁重，但我始终引领教师强化这样的意识：作为一名教师，如果不注重思考，那么他终将只是书本知识的传声筒，终将沦为一名"教书匠"从而被时代淘汰。只有不断地思考总结，才能提升我们对教育本质的理解，才能使教师更快地成长为学科教学的专家。因此，学校坚持用"人人有课题，问题即课题，把教学中的问题当作课题来研究"的理念引领教师，把从实际教学过程中的"痛"与"困惑"

中产生的问题，转化为课题，开展了以"案例、叙事、反思"为主要特点的微课题研究。学校通过有机适应型组织理论创新教研模式，组成教师教学策略学习共同体，在共同体内围绕专业发展开展同伴互助活动，逐步形成自己的教育智慧。

教师的专业发展，一方面取决于教师自身的动机、期望等因素，另一方面受外部环境的影响。学校作为教师成长的实践场所，必须有相应的资源支持，有先进的思想价值引领，有科学的制度保障，有良好的文化熏陶。当然，更重要的是，在生本教育的理念指导下，也要以教师为本，因为学生在教师的引领下成长，教师在育人中也在成长，师生要共同成长，共同发展，共同幸福，共同精彩。

（三）提升学校的办学智慧

苏霍姆林斯基曾经对教师说过一句话："请记住，远不是你所有的学生都会成为工程师、医生、科学家和艺术家，可是所有的人都要成为父亲和母亲、丈夫和妻子。假如学校按照重要程度提出一项教育任务的话，那么放在首位的是培养人，培养丈夫、妻子、母亲、父亲，而放在第二位的，才是培养未来的工程师或医生。"高中教育不仅仅是学生通往大学的路，还是学生成长的路。倘若在高中毕业时，一个学生获得的仅仅是一张理想大学的录取通知书，而他的认知水平没有提高、精神世界没有改变、创新能力没有发展的话，这样的学生一定是不存在的。学生一定会在高中这个阶段有所成长。随着时间的推移、年岁的增长，他一定会受到各种引领和启发。好的学校教育会让学生在离开学校之后、忘记书本上的科学文化知识之后，留下对生活的热爱、对未知的探索、对人的善良和对世界的真爱。

学校作为一个单位，不仅要提供给教师一个谋生的工作岗位，还应该给予他们精神上的财富，打造他们的心灵乐园。一位教师倾尽全力努力完成教学任务，以爱心和耐心认真带好班，他会成为一名优秀的教师或班主任；如果他还能不断思考教育的意义、反思自己的教育方法，并努力学习，积极实践，那么这样的老师就可能成长为一位教育家。我想，一所好的学校应该是"盛产"教育家的场所，每一位教师都可以既是学科教师，又是教育家。学校应该引导教师发自内心地将自己的生命倾注于教育事业中，让教师们在学校里源源不断地得到正能量，从而锤炼自身的教育能力、提升自身的教育境界，这也是学校回报给每位教师的巨大财富。

　　一所学校的特色和魅力，取决于这所学校的独特个性、精神环境和文化底蕴，这是凝聚师生之心、促进师生精神境界提升的强大能量，无可比拟。而学校的这种能量是一个群体的智慧和意识形态——因为生命之间并不是孤独存在的，这样的集体智慧和意识形态将是影响整个学校发展的宝贵财富，是决定学校未来的精神导向。如何将这样的力量挖掘并彰显出来，让它充实进每个人的精神和内心，这是学校应该完成的重要使命。

第三节　用"心"做教育

不可否认，知识、能力和精神是构建校长专业标准的基本要素，但这还只是其外在的表现形式，深层的实质内容应该是：校长本身具备的知识、能力和精神所形成的个人思想和文化，以及能够在引领师生前行的过程中，通过彼此的互动互生，共同形成的富有特色的学校文化。

爱默生说："思考是行为的种子。"祖辈给了我性命，从他们的身上我感悟到了生命的价值，而对师生生命成长的思考，又使我产生了强烈的责任感和使命感，从而更加坚定了做教育的信念，因为校长只有理解了教育对生命的意义，才能用自己的感悟和理解去影响教师和学生，才能为生命的充分发展提供有目标的引领、有意义的支架，从而无愧于那一个个鲜活的生命。

我一直有这样一个认识：一个优秀的教育者一定会对教育怀有一种独特的情感，有着自己深刻的思考，有着对生命责无旁贷的担当。时代是思想之母，而教育的魅力就在于：不同时代的教育者面对不同的鲜活教育个体时，总按捺不住通过思考教育的本旨，达到对当下教育实践的思想指引。这，大概就是推动我从"当校长""办学校"进入到"做教育"的原始动力吧。

透过教育变化万千的外在表现形式，我开始不断追问：教育的主体是什么？教育的目的是什么？教育究竟要培养什么样的人？什么样的教育对于生命才有意义？基础教育是孩子接受学校教育的起步阶段，它除了满足眼前的需要，对于人的未来发展还有哪些重要作用？我们如何为孩子的未来奠基？陶行知先生说："真教育是心心相印的活动，唯独从心里发出来的，才能达到心灵的深处。"现在想来，这个时候，我开始用"心"去做教育——坚守"初心"、倾注"爱心"、充满"痴心"。就这样，我在思考与实践中初窥门径，进入做校长的第三个阶段——"做教育"阶段。

一、初心不忘

恩格斯说过："一个知道自己的目的，也知道怎样达到这个目的的政党，一个真正想达到这个目的并且具有达到这个目的所必不可缺的顽强精神的政党——这样的政党将是不可战胜的。"是的，紧盯目标，方得始终。习近平总书记曾多次强调过，不忘初心、牢记使命。中国共产党人的初心和使命，就是为中国人民谋幸福，为中华民族谋复兴，这个初心和使命是激励中国共产党人不断前进的根本动力。而作为一名教育工作者，我也时刻不敢忘记自己的教育初心——促进生命成长，即便"道阻且长"，即便"任重道远"，我仍然会坚守初心，砥砺前行。

（一）确立初心：促进生命成长

诺贝尔说："生命，那是自然付给人类去雕琢的宝石。"库尔茨说："谁能以深刻的内容充实每个瞬间，谁就是在无限地延长自己的生命。"那作为个体的我们又该如何去雕琢自己的生命呢？是不是每个个体都能很好地完成这项生命的雕琢呢？生命的长河中到底有多少如吕凯特所说的"生命不可能有两次，但许多人连一次也不善于度过"的情形呢？当怀揣着希望与梦想的一个个鲜活的生命进入淮滨高中，我们又该如何引领和帮助他们实现生命的价值呢？在淮滨高中这片土地上，每一个生命又该如何得以充实地生长呢？

"初心"，就是做一件事最初的心愿和目标，是一个人出发时的理想、情怀和使命。不管从事哪一个行业、在哪一个岗位上工作，我们都应有从业的初心。不忘初心就是不忘最初的本真，不忘开始时的梦想。我们在确定要做一件事时，应明确自己的目的和方向，这就是有自己的初心。作为一名教育者，我很清楚自己的使命，并基于这个使命明确了自己的教育初心，那就是让学生在受教育的过程中实现生命的成长。

我清醒地知道，学生到了竞争十分激烈的高中，面对发生很大变化的学习内容和模式，面对学习方法、学习习惯、学习能力上的更高要求，需要进行全面调整；家长热切期待着孩子能通过高中三年的努力，考取一所"好"大学，能通过学习改变孩子乃至整个家族的前途和命运；社会对淮滨高中这所全县唯一的重点高中寄予了厚望，希望淮滨高中能更多地培养人才，为淮滨县教育事业的发展增光添彩。而淮滨高中所处的教育环境却不容乐观：经济落后，资源有限，家庭教育缺失，基础教育薄弱……凡此种种，不仅限制了人们的视野和思想，而且往往导致孩子们不良习惯的形成以及价值观的扭曲。

每年新生入校的日子，我站在校门口，看着孩子们稚嫩而充满憧憬的脸，看着家长们充满信任与期待的眼神，心里想：这一个个鲜活的生命步入校门，我们该给他们什么样的引导与影响？我们在他们的生命成长中该担当什么样的角色？每年毕业生离校的时候，看着那一个个长高了不少的背影，我在想：这些孩子三年来有了哪些变化？获得了哪些方面的成长？除了那一纸大学录取通知书，我们给予他们的东西又有哪些是可以影响他们整个生命的？

　　　　9月1日　　　　周三　　　　晴

今天爸妈特意从浙江萧山工地上请假回来，送我上学。我是我们全乡今年考上淮高的三十分之一，我的初中老师和全家人都很开心。爸爸说，不要怕困难，听老师的话，好好学习，将来考上一个好大学，就能找到一份好工作，过上好日子，不用像他们那样在工地上累死累活地干了；还说，将来他和我妈就能跟着我一起享福了。我很开心。毕竟，我是家里老大，我考得好，爸妈为我感到骄傲，我感觉自己用成绩让父母觉得生活有盼头，日子有希望。当然，我也感到了很大的压力。这个新的班级里一定都是成绩优异的学生，我究竟该怎样努力才能超越对手、超越自己呢？究竟用什么办法才能考出好成绩，考上好大学呢？

——摘自一位新生的日记

偶然的机会，我读到了这个孩子写的日记，感觉心里沉甸甸的。中西部贫困地区的孩子们没有太多的出路，考大学、找到好工作，是每个家庭寄予孩子的最高期望。然而，我还在想，淮滨高中究竟要培养什么样的人？仅仅是要考取一个"好"大学，找到一份"好"工作，过上所谓的"好"生活？人本主义心理学家马斯洛把人的需要划分为五个层次：生理的需要、安全的需要、爱和归属的需要、尊重的需要和自我实现的需要。难道我们的使命就是帮助他们最终达到最低层次的需要以实现功利的目标？如果不只是这些，那还应有什么？一个人终究要从学校里获得什么才能拥有发展自己和提升自己的能力从而过上真正自由而幸福的生活？我们的学校教育目标指向究竟应该落到何处？怎么样才能让这些每天学习和生活在这里的师生们的生命发生有价值的改变？如何给这些努力生长的孩子们以绵延不绝的动力与激励呢？怎样才能让他们拥有终身发展的品质和精神呢？

生命，成长，这该是每个教育人思考问题和开展实践的出发点和归宿。从确立自己的目标那一刻起，我就从未犹疑过，这些不间断的思考与审视的背后，正是我从不曾忘记过的初心。

（二）时时警醒：莫忘因何出发

我们仰望星空，也许会在某一天突然就忘了当初为什么要仰望星空。纪伯伦曾说："我们已经走得太远，以至于忘记了为什么出发。"是的，在这个时代，时间过去久了，路走得长了，初心常常会被遗忘。一旦忘记了为什么出发，我们就会走得十分茫然。

做教育亦是如此。当前，在教育的道路上，一些人已经走得太远，已经忘记了为什么出发，忘记了教育的目的和初心，由此出现了教育的种种怪现象，比如：仍然鼓吹"应试教育"，以至于忽视了学生的个性发展和生命成长；忘记了教育是呵护生命、尊重生命，以至于引发了一系列骇人听闻的事件；忘记了教育的根本任务是立德树人，以至于偏离了健全心智、重在育人的目标方向；忘记了教育是引导和激发、授人以渔而非灌输知识，以至于扼杀了学生的创造力和学习兴趣；忘记了教育要发展理性、温暖心灵，以至于简单粗暴无视孩子的内心；忘记了教育要点亮人生、丰盈生命，以至于急功近利不问未来……

从学生的日记中我经常发现一些心理偏执现象。有一个男孩，平日里沉默安静，他却在日记里这样写道：

"这个社会本来就是个弱肉强食的社会，人和人之间的一切都是虚伪的。我现在学习很差，没有能力改变一切，如果将来我变得强大，我会让他们尝尝受人欺压的滋味……"

我看了深为忧虑，找个机会跟他聊，知道从小时起他的父母就长年在外打工，在他心里根本没有亲情这个概念，没人呵护的成长让他感觉只有强势、暴力才是值得追求的东西。

——摘自一位老师的教学手记

错位的教育，可怕的不是摧毁一个人的肉体，而是摧毁一个人乃至一个民族的精神信仰。所以，我们应该时时警醒自己，不忘教育初心，这样才能真正实现生命成长。我们学校的学生大部分是家庭经济存在困难的留守孩子，他们不仅缺少优质的教育资源，更缺少父母的温情陪伴。经济的落后、留守孩子爱的缺失、生命成长的需要，这要求我们必须努力探寻适合本地特色的教育方式，以打破经济落后与教育落后的恶性循环。真正有价值的教育应该是从内到外改变人的精神气质、思想观念，这绝不是单纯用分数能够测量的。高中阶段的学生正处于向成年人过渡的关键时期，是学生不同个性和才能开始显现和发展的时期，此时，他们需要更多的理解和关爱，渴望获得更多的知识和能力去书写自己的未来。故而，我们能给他们的，应该是使他们在未来能得到充分发展和提升的精神与能力，是他们一生都用之不竭的思维和品质。

（三）无悔坚守：携初心一路前行

《诗经·大雅·荡》曰："荡荡上帝，下民之辟。疾威上帝，其命多辟。天生烝民，其命匪谌。靡不有初，鲜克有终。"这段话就是在控诉"上帝"凡事开始说得好，却难以坚持下去。由此可见，"建"初心易，"守"初心难。坚守初心，是为了继续前行，因为前行的道路并非一马平川。有人说："教学生三年，为学生想三十年。"我的理念是：教学生一天，影响学生一生。这些鲜活可贵的生命正在成长，他们的知识、思想与精神的形成正受着我们的影响，我们要对他们的生命负责。因此，我们没有理由让自己生出哪怕是一丝的敷衍之心。世间许多事物，错了可以重来，毁了可以再造，唯有心灵不可重塑，唯有生命不可再来。

升学率是我们始终不能忽视的。高中教育要想在不影响学生高考成绩的情况下，真正提高学生素质是一件比较困难的事情。近年来，普通高中学校基本上都在高举素质教育的大旗进行课程改革，然而，谁都不敢将高考成绩抛诸脑后。因为，这关乎一所学校的声誉、来年的生源，关乎着学校的生存。一个没有今天的人，如何思考明天？但我常常又想：没有明天，今天的意义究竟何在？内心深处的矛盾斗争，让我越来越明白，一个教育工作者应该秉承人性的善良与对教育本质的理解，在不断的反思中前行，从而努力实现教育对人和社会的意义和作用。

我在自我教育中懂得了什么

穷尽人的一生，不过在接受教育。

我一直认为教育不是大而空的概念，教育可以是社会、他人对个人的影响，也完全可以是发乎内心的个人行为。正如李明校长的教育理念——"教育：生命对生命的影响"，无论是其他人、事对自己的影响，还是自身反省对自己的影响，都是生命与生命的对话过程。

教育是一生的事业，正所谓"十年树木，百年树人"。教育不仅仅局限于学校的教育。在我看来，一个人一生的教育要分为两个阶段：一是来自外界的教育，可以称为"他人教育"；二是来自自我反思的教育，可以称为"自我教育"。

"自我教育"是从独立拥有对世界的理解和对个人行为把握的那一刻开始的。只有通过自我教育，人才会真正成长起来。

我的自我教育起源于高中时代，因此淮高是我个人教育的转折点，换句话说，淮高是我成长的真正起点。三年时间，我由一个需要依赖他人给予知识与思想的人成长为一个独立自由的人。

初到淮高时，我仍是一个青涩的少年，和所有人一样，时而踌躇满志，时而却又焦虑不安。那段日子里，我对未来缺乏规划与判断，对未来的不确定酿成了一种愁思，它很淡，却是青春的底色之一。三年来，我担任校社团联合会的负责人与副班长，为学校和班内略尽了绵薄之力，这一过程极大加速了我的成长，可以说学校给了我一个极好的舞台，让我尽情歌唱，在歌唱中感悟与成长。

我无意一一详谈我做过的许多活动的细节，而更愿意谈一谈我在这些活动中的教益。活动只是表象，教益才更重要。我们历经过许多表象，它们就像风一样消散，但那些经验和体会却没有消失，而是内化为了一个人的涵养、谈吐与见识，彻底融入了我们的生命之中。

——摘自学生的毕业感想

令人欣慰的是在淮滨高中这片天地里，我们的学生得以用深刻的思想、丰富的知识、广博的识见去充实自己的生命，从而实现了生命的自我成长。为了这些可爱的生命，我唯有坚守教育初心，一路前行。

二、爱心不减

爱的精神是人类历史积累的宝贵精神财富，是人类历史文化的重要内容。两千多年以前，孔子即提出了"仁爱"之说，"仁者爱人""君子笃于亲，则民兴于仁"。孟子亦有言："无恻隐之心，非人也；无羞恶之心，非人也；无辞让之心，非人也；无是非之心，非人也。""爱人者人恒爱之，敬人者人恒敬之。"这也就是要求人要尊重人、同情人、关心人、帮助人。到了近代，孙中山在《三民主义·民族主义》中说："中国人至今不能忘记的首是忠孝，次是仁爱，其次是信义，其次是和平。"顾明远先生说："没有爱就没有教育。"是的，教育的本意是出于爱、为了爱，一切教育都是"爱"的教育。

（一）用爱守护"玫瑰花"

这是一个美丽而温馨的故事——

苏联教育家苏霍姆林斯基当校长的时候，学校的花园里开出了一朵极大的玫瑰花，全校的学生都非常惊讶，每天都有许多人前来观赏。某一天，苏霍姆林斯基看到一个四岁的小女孩摘下了玫瑰花。

没有预想的批评指责。他询问小女孩摘玫瑰花的原因，知道了她是想把花拿给生病的奶奶看，小女孩说等奶奶看过之后就会把花送回来。小女孩天真的回答感动了苏霍姆林斯基，他带着小女孩又摘了一朵玫瑰花，并说一朵送给小女孩，因为她有一颗充满爱的心灵，一朵送给她奶奶，因为她培育了这么好的孩子。

后来，苏霍姆林斯基对老师们谈起这件事的时候解释说："批评一个孩子所犯的错误很容易，可是，要呵护和培养一个孩子的爱心却不是一件容易的事。因为在孩子成长的过程中，他的爱心会慢慢地融化或吸纳他的错误，可无情的批评和处罚可能会毁掉孩子爱心的火花。所以，对学生来说，培养他们的爱心远比对他们的错误进行无情指责重要。"

爱能使干瘪的种子生根发芽，爱能使枯瘦的小苗青翠怡人，爱能使满园的桃李结出丰硕的果实。可以说，教育就是一种爱的事业，只有投入了爱的教育才是真正的教育，只有注入了爱的教育才是有生命的教育，只有我们用爱守护，"玫瑰花"才能真正绽放。

然而，我痛心地看到，在一些教育教学当中，却有很多摧残"玫瑰花"的现象，导致"花朵"失去了它们该有的美好与芬芳。

上海教育界的老前辈吕型伟说过："没有爱的教育是死亡的教育，不能培养爱的教育是失败的教育。"教育的种种怪象让我们不得不反思我们的教育到底怎么了，在教育中我们究竟缺少了什么。陶行知先生说过："你的教鞭下有瓦特，你的冷眼里有牛顿，你的讥笑中有爱迪生。"我们是否还记得先生的这句话？我们是否还记得苏霍姆林斯基的那两朵玫瑰花？

爱是尊重，是信任，是鼓励，是宽容，是帮助，是奉献。爱心是一种以关怀和爱护体现高贵的思想感情，它包括爱自己、爱他人、爱集体、爱社会、爱自然。苏霍姆林斯基不愧为大教育家，他用实际行动告诉我们要有爱心，做教育要有爱心，对学生要有爱心，唯有如此，我们的教育才是真正做到了以人为本，我们才能培养出有爱心的学生。

（二）在教育中投入爱

苏霍姆林斯基还有一句话令我深有感触："什么是我生活中最主要的东西呢？可以毫不犹豫地回答，就是热爱儿童。"是的，热爱学生，是教育工作者必备的修养，是教育学生的基础和前提。同样，我也时常自问：什么是我生活中最重要的东西呢？同样，我也可以毫不犹豫地回答，那就是热爱教育。

裴斯泰洛齐这样阐述："人在信仰和爱的方面的能力对于人来说，正如树根对于树的生长一样。依靠树根，树从土壤中吸取养料并送给树的各个部分。""有了松软而湿润的土壤，有了温暖的阳光，树根是如何促进树木生长的，最终又是如何使它完美无缺地站在它的同类之中。"我想，这里所说的"温暖的阳光"恰是教师的责任感与爱心。有了责任感与爱心，教师就会充分考虑学生的需求、兴趣以及他们的情绪倾向和能力，从而精心设计，使学生的活动能够主动、积极、创造性地展开。因此，在教学中，教师要投入爱；在教育中，教师更要投入爱。

李镇西在《爱心与教育》中说："师生间的感情，是教育成功的第一块基石。"是的，没有了感情，教育将会无从谈起。因为人是有感情、有知觉、有个性、有人格的活生生的存在，而要保证教育的根本目的实现，可能需要诸多的条件，如完善的教育体制、完备的教学设施、优良的校风以及良好的社会和家庭氛围等，但最重要的是必须拥有一大批懂教育、爱学生的高品德、高素质的教育者。不懂、缺乏或者根本没有这种教育思想、教育观念的教育者，他的施教就是盲目的。

当然，我认为，教师仅有爱心还是不够的，还要懂得如何去爱。爱的方式一点儿也不比爱的内容更简单。那么，如何才能在教育中投入爱、在爱中实现教育的目的呢？我想至少应该做到以下三点：

第一，关注、关怀和给予。学生是教育的对象，在教育的过程中，他们不断获得知识，不断提高发现问题、认识问题和解决问题的能力，逐渐形成独立完整的人格，树立生活的信心，找到人生的目标，追求生命的乐趣和生活的幸福。而要做到这一点，学生首先必须受到重视，这样他们才能意识到自身存在的价值和必要，才能树立起生活和学习的信心。我们教师只有重视学生，才会真正去关心他们的成长，关心他们成长过程中所遇到的以及可能遇到的种种问题，这样我们对学生的关怀才不会是停留在形式上，而是体现在实质上。也只有这样，教师的给予才可能有针对性，才能满足学生正当合理的需求，从而使对学生的帮助和引导能够落到实处，这样充满爱的教育对学生的成长才会具有实在意义。

第二，理解、同情和宽容。在教育过程中，我们一定要看到并承认学生的差异性。泰戈尔说："爱是理解的别名。"无论对什么样的学生来说，理解永远是重要的，有了理解才能有有效的沟通，才会给予学生真切的关怀和同情，才不会对那些行为异于常人或有缺点的学生另眼相待，才有可能实现教育目的。当然，有同情和理解还是不够的，还要有宽容。教师对学生的宽容并不等于无原则地纵容，而是适度地把握、妥善地处理学生的不良言行和习惯，既不漠然视之、任其发展，也不粗暴对待、横加干涉，而是动之以情、晓之以理、循循善诱，以爱心激发智慧，通过不同的方法途径，使之逐渐改变，那种想一次性根除毛病、简单粗暴解决问题的想法和做法是不切实际的，也是缺乏耐心和宽容的。充满爱的教育让我们笃信马克思的话："当我们得到理解的时候，智慧是不会枯竭的。"

第三，信任、尊重与合作。在学校教育中，无论处于哪个阶段，师生之间的相互信任都是至关重要的。对学生来说，教师的信任意味着对他们的肯定、尊重和支持，他们也会因此更自尊和自信；对教师而言，学生的信任是教师取得理想教学效果并对学生产生深刻影响的基础和前提，也会使教师对自身充满信心。师生之间有了充分的信任，才可能相互了解、相互理解、相互尊重。托尔斯泰说："我们平等地相爱，因为我们互相理解，互相尊重。"我们不仅应该强调学生对教师的尊重，更应该改变观念，尊重学生。没有师生之间的相互尊重，就不可能建立师生之间的平等关系，也就不会有师生之间和谐的合作关系。而师生之间的合作恰恰是学校教育得以顺利、有效开展的前提和基础。就人类社会而言，人与人之间的合作是社会进步、人类发展必不可少的基本条件之一，对此的忽视，将会导致学生社会人格的不完善，因而，对学生进行合作教育十分必要。有爱的教育一定是尊重的、平等的、和谐的。

（三）让学生获得爱

教育关爱学生的同时更要培养学生心中的爱，要在学生的心灵中种下爱的种子。因此，我认为，教师不仅要关爱学生，更要成为一个爱的传递者。简单来说，假如一个人对于他人的痛苦、忧愁、伤心没有任何反应，无动于衷，不能为他人牺牲自己哪怕一丁点儿的利益，那么，这个人聪明也好、勤劳也好，都是利己的，他的上述优点就显得微不足道了。爱的品质既是教育问题，也是发展问题。在教育中，我们必须投入爱，让学生在爱的教育中感受爱、获得爱。为此，我们在以下几个方面开展了探索和实践：

首先，牢固树立"以生为本"的教育观。在一切教育活动中，把促进学生全面发展作为教育的出发点和立足点。始终善待生命，学会赏识学生，确立爱心养成的生态教育理念。我们充分认识到：幼稚、不成熟、爱玩耍是孩子的天性，尊重和保持孩子的天性不仅是保证孩子健康成长的基础，也是培育孩子爱心的需要。为此，在教育活动中，我要求教师必须尊重学生，理解学生，相信学生的潜能，尊重学生的个性，发现学生的长处，包容学生的不足与过失，从而达到走近生命、发现潜能、唤起自信、善待差异、给予自主的教育目的。正是努力将这一理念渗透到学校教育工作的各个环节，我们对学生所进行的爱心教育才有了显著的效果。

其次，努力构建爱心教育课程体系。在了解学生情感发展规律的基础上，我们制定了明确的爱心教育目标和内容，不断探索爱心教育的方法、途径与评价机制。我们认识到，实施爱心教育的关键是要形成相应的课程体系。为此，学校切实加强与爱心培育有关的课程建设，在内容上，以"五爱"（爱国、爱民、爱家、爱校、爱班）为基础，以"关爱"为核心，结合学生生活实际，充分借鉴和吸收"忠""孝""礼""义"等中华民族传统美德的积极内涵，突出"爱父母、爱朋友、爱生命"的内容，制定合理目标，坚持循序渐进、由浅入深的原则，把爱心教育落实在日常教育教学活动中。

最后，组织常态化爱心实践活动。学校充分开发、利用本地丰富的关于爱的教育资源，因地制宜，创造性地组织学生参与各种践行爱、体验爱的活动，使学生在活动中发展爱的情感。培育爱的实践活动形式多种多样，包括观看优秀的文艺、影视作品，参观各种文博展览，参加社会实践活动，以及利用节日向家人和乡亲献孝心、爱心的活动，主题研究性学习等。把培育爱的品质和能力当成学校教育的一部分，规范化、常态化地开展实践活动，使学生的学习和生活时时有情、处处有爱。同时通过活动，重视爱的实践过程，让学生在关爱活动中学习、掌握爱的技巧。

迪斯雷利说："人生下来就是为了爱，爱是人生的原则和唯一的目的。"教育更是爱的事业，师爱对学生的发展具有重要的激励作用。但爱的培育也不是一种简单的、单向的活动。正如诺丁斯所言："在现代社会里，教师要想帮助孩子培养关怀之心，就不能是空泛地复述关于关怀的大道理，即杜威所说的那种'关于道德的知识'，因为道德不仅是理性的问题，更是情感与行为的问题。"就此而言，只有在我们教育的过程中作出关怀的行为才能使学生获得被关怀的温馨感受，只有在我们教育的过程中智慧地投入爱，才能让学生懂得爱、传递爱。

三、痴心不改

泰戈尔说："果实的事业是尊贵的，花的事业是甜美的。"自古以来，总有一些不为人知的坚守者，为了"花"和"果"而甘于"叶"的艰辛与平凡。张伯苓曾说过一句话："欲成事者，须带三分傻气。"恐怕在很多人的眼里，我这个当了二十多年校长仍不思进取、不去动动"窝"的人是有些傻气的。我承认，对于当校长、做教育，我确实是痴心不改。毫不掩饰地说，在劳累了一天之后，步入校园，看到活力四射的孩子们在操场上龙腾虎跃，那是我生命里最愉快的时刻。在那一刻，我感到自己之前为了这所学校、为了这些孩子、为了家乡的教育所付出的一切都是值得的。

（一）一片痴心赋予教育

"千教万教教人求真，千学万学学做真人。"教育家陶行知先生认为教育是教人求真、求善的事业，教育者不是造神，不是造石像，不是造爱人，他们所要创造的是真善美的活人。我想，教育是基于生命、通过生命、完善生命的事业，不管教育在现实中出现了哪些不好的现象，最初的教育都是为了呵护生命的成长，都是求真、求善、求美，都是为学生的幸福奠基的事业，而我甘愿为这项事业奉献终身。

回想起求学的时光，老师和兄长给予我的那些启发和引导，想起父亲的嘱托和自己毕业时的无悔选择，我的一腔热血就化作前行的动力，让我不断想方设法去理解教育、践行教育。扎根淮滨高中之后，学生的成长对我的教育观的影响，以及教育界领导对我的栽培和引导，让我看到了改变教育方式所带来的良好效果，我就更加沉迷于这项充满"魔力"的伟大事业——能够改变人的内心世界、改变人的命运的教育事业。刚当校长的那段艰难探索的时光，现在回想起来竟也充满了无穷的乐趣和挑战。当克服困难解决了一个个难题之后，我发现自己的教育素养和教育能力也在不断提升，这让我感到喜悦，也十分享受。我沉醉于这项平凡而伟大的事业，乐在其中，不能自拔。

（二）道阻且长行则将至

"蒹葭苍苍，白露为霜。所谓伊人，在水一方。溯洄从之，道阻且长。溯游从之，宛在水中央。""伊人"在前，却并非唾手可得，追求的道路上自有一番坎坷，做教育也是如此。当你怀揣着美好的教育理想，誓要把自己的一腔热血都倾于其中的时候，你就会发现，原来你与"她"之间还隔着那么远的距离。残酷的现实似乎是想要考验我们的决心，当然更可能是为了让我们知难而退。然而我始终抱定一个信念：既然我已经踏上这条道路，那么，任何东西都不能妨碍我沿着这条路走下去。

一直以来，中西部欠发达地区都是普及高中阶段教育的最大短板。

目前我国农村高中办学条件虽有很大改善，但仍不能满足需要。

第一，教师数量缺口较大、质量亟待提高。根据全国第五次人口普查的数据推算，我国平均每年需补充高中教师24万人，而2001年仅补充了8.3万人，相当于应补充教师的1/3。显然，在全国范围内，我国高中阶段教育教师严重不足。在农村，由于待遇低，生活条件差，高中阶段教育教师更加短缺，农村中学不但难以引进优秀人才，而且骨干教师流失严重。教师数量不足，成为制约农村高中阶段教育规模扩大的瓶颈。另外，高中阶段合格教师紧缺，不能保证教学质量的提高。2001年，我国普通高中专任教师合格率为70.7%，农村要低于这一比例。英语、数学、信息技术、体育、音乐、美术、劳动技术等课程的专任教师不仅短缺，而且学历合格率更低。

第二，教学设施配备水平落后。……

第三，班额偏大，影响教学的正常运转。……

——谭春芳《发展我国农村高中阶段教育存在的问题及对策》

面对教育，面对未来，我深深意识到：这个时代的这所万人学校的命运，还应掌握在我们自己的手中。面对这些挑战，最重要的是把握住人的发展内涵和教育规律，坚持正确的办学方向。要把挑战当作机遇，面对新时代对教育的新要求，克服困难，解决问题，全力推进学校的改革和发展。我知道，这条教育之路必定充满艰难困苦，但我也坚信，做教育的理想与信念也必定能激励着我一直向前。更为重要的是，这一路上我并不是在孤军奋战，淮滨高中有许多人在为学生的成长与教育的发展努力着，付出着，他们平凡而伟大，他们的精神在淮滨高中绽放着，成为淮滨高中坚固的脊梁。对于做教育，我痴心不改，因为我始终相信：道阻且长，行则将至。

（三）不断追寻教育真谛

帕斯卡尔说："思想形成人的伟大。""人只不过是一根苇草，是自然界最脆弱的东西；但他是一根能思想的苇草。"作为教育人，我们应该在教育实践中真正做到用心思考教育、用心探索教育、用心践行教育，时刻进行自我追问：我该做什么，我做了什么，我还能做什么。只有用自己的头脑思考，不断追寻教育真谛，才能有自己对教育的理解，才能真正形成自己的思想。

在教育这条路上走得越久，实践探索得越深入，我就会越强烈地感到需要有一根线穿起那些散落的珠子，或者说需要一种指引，一种思想上的指引。

教育部中学校长培训中心陈玉琨教授曾说过这样一句话："如果没有中西部经济的发展就不可能有中国经济的持续发展；同样，如果没有中西部农村教育的发展，就没有中国教育的全面发展。"作为中西部一所普通高中的校长，我听到这话真是感慨万千，体会尤深，当然，更感到任重而道远，更添困境中突围的勇气。

淮滨高中作为中西部普通高中学校的一员，具有很强的代表性。我们有着共同的历史和发展困境，面临着相似的机遇和挑战，做着相同的挣扎和奋斗，心怀共同的教育理想和教育情怀。办好经济欠发达地区省级示范性高中不仅能够助力家乡基础教育发展，还能够为周边的兄弟学校提供可借鉴的经验范式，对于全面建成小康社会、促进教育公平具有十分重要的意义。因此，我们迫切需要立足于教育现实，探寻教育本质，凝练自己的教育思想，探索具有现实价值的实践路径。

作为中原地带县域高中，我们的学生是与大中型城市的孩子具有不同人生经历的鲜活生命，故着眼于学生的发展，努力提供和创造适合他们生命成长的环境并使其在这种环境中获得充分发展的基础，成为学校教育的必然使命。因而，我认为，负责任的、有灵魂的教育应该是让孩子拥有有价值的、有意义的生命，师生为了成就这样的生命而不懈地追求。

正是站在这样的角度去观照学校教育，正是在做校长的不同阶段坚持追寻教育的真谛，正是在不停地思考教育现象、追问教育本质、追求教育价值的过程中，我逐渐凝练形成了"教育：生命对生命的影响"教育思想，并在长期的办学实践中继续丰富、完善和发展这一思想。

子在川上曰：逝者如斯夫。凝视着绵延而去的淮河水，我常常勉励自己：生于斯，长于斯，并能在家乡这片热土上"得英才而教之"，又何尝不是人生之快事！

从"当校长"，到"办学校"，再到"做教育"，秉承着祖辈们的教育情怀，肩负着家乡父老的厚望，我在这条对人的生命发展有着重要意义的路上思考着，探索着，行走着，战战兢兢，如履薄冰，但依然初心不改，爱心不减，痴心不变……

第二章

悟道：
教育是生命对生命的影响

教育是人与人之间灵魂交流的活动，是生命对生命的影响。教育者的言行举止、思想理念、精神品质，都会给受教育者以指引、启迪和激励。

作为奋斗在教育一线三十余载的教师、校长，永不停息的是对教育的终极性思考：究竟什么是教育？

有关教育的思考与论断，从儒家的"大学之道，在明明德，在亲民，在止于至善"，到康德的"教育是个体自我设计、自我选择、自我构建"，从鲁迅的"教育是要立人"，到马克思的"教育是促进个人的独创的自由发展"，再到爱因斯坦所言"教育就是当一个人把在学校所学全部忘却之后所剩下的东西"。我无意在先辈大家们的肩上围绕"教育是什么"做什么别出心裁的论断，但教育的魅力就在于：不同时代面对不同鲜活的教育个体时，总按捺不住通过思考教育的本质，达到对当下教育实践的思想指引。正如蔡元培先生将教育看作"帮助被教育的人，给他能发展自己的能力，完成他的人格，于人类文化上能尽一分子的责任，而不是把被教育的人，造成一种特别器具"，故而在特定的历史时期要开创兼容并包、完全人格的蔚然风气。

第一节　叩问教育本质

教育的本质是值得每一位教育者深入探索的基本问题。因为对教育本质的不同认识，直接影响着教育者的意识形态，进而决定着教育的发展方向。可以说，当前我们的教育所面临的诸多问题，都与对教育的本质认识有着密切的关系。叩问教育的本质既是反思我们的教育实践、寻求解决教育问题的必经之路，也是每一个有着教育理想追求的教育者的自觉行为。

顾明远先生认为，教育的本质就在于提高生命的质量与提升生命的价值，发挥每一个孩子的潜能。先生在这里重点强调了教育的目的和价值。我认为，教育作为一个动态概念，是有一定的地域性、时代性和现实性的，教育的本质也应在教育的实践过程中不断生成和丰富。在长期的办学实践中，我更多的是思考和关注在中西部县域高中办学环境条件下，如何把握教育规律，有效促进学生的生命提升，如何在学生的高中三年学习过程中，给他们生命里留下能够对他们一生发展有价值的东西，这就是我不停追问、不懈追求的原动力。

一、对教育现象的思考

在我国，虽然素质教育的口号已经喊了很多年，但在许多地方，应试教育的阵地却依旧牢不可破、坚不可摧。我想，我们应该先把所谓的"素质教育"和"应试教育"的本质区别理清楚。应试教育，顾名思义，就是把应对升学考试作为重要目的甚至是唯一目的的教育理念和教育方式。毫无疑问，这种教育理念和教育方式与社会发展需要相脱节，与自然发展规律相违背，在很大程度上限制了学生能力的全面充分发展，妨碍了学生的健康成长。原国家教委主任朱开轩同志曾指出："素质教育从本质上说，是以提高全民族素质为宗旨的教育。素质教育是为实现教育方针规定的目标，着眼于受教育者群体和社会长远发展的要求，以面向全体学生、全面提高学生的基本素质为根本目的，以注重开发受教育者的潜能、促进受教育者德智体诸方面生动活泼地发展为基本特征的教育。"

然而，素质教育从提出到发展至今，社会各界关于它的争论就没有停止过。国家提出要全面提高全体国民的素质，要普及义务教育，不能因为一小部分人而忽略了整体，但是到目前为止，仍然有不少人提倡他们所谓的"应试教育"，一味追求升学率，以升学率作为评价一切的标准，甚至搞一些考试精英班，对"应试教育"所导致的负面后果熟视无睹。

一次次惨痛的教训，到底是谁的过错？是家长，是老师，还是学校？家长望子成龙、望女成凤又有何错？教师三尺讲台呕心沥血可谓无私奉献，学校制定校规管理学生更是理所当然，可一旦出现了负面的、恶性的事件，在痛心、感慨、议论之余谁又愿意、谁又敢于来承担责任呢？事件的最后往往都归咎于学生自身——心理素质差、抗挫抗压能力弱等，而对于屡发此类事件的深层次原因却缺乏深入的思考和研究。或许，我们应该承认，如今的学生自身的心理素质确实不够强大，抗挫能力也有待提高，但是，差和弱的原因又是什么呢？这应该也必须引起我们的深思。

二、对教育本质的追问

一切现象与本质都有着密不可分的联系，透过教育的表象，我们应该追问：教育到底是为了什么？教育的本质是什么？

雅斯贝尔斯说："真正的教育应先获得自身的本质。教育须有信仰，没有信仰就不成其为教育，而只是教学的技术而已。"作为一个哲学名词，"本质"是指某类事物区别于其他事物的基本特质。教育本质是指教育的内在要素之间的根本联系和教育作为一种社会活动区别于其他社会活动的根本特征。古今中外，许多教育大家对于教育的目的、本质，或有系统的阐述，或有零星的论断，这对于我们继续探究教育的本质都有一定的启示。

在那百花齐放、群星璀璨的"轴心时代"，东方出现老子、孔子、孟子等思想大家，西方则出现了苏格拉底、柏拉图、泰勒斯等思想伟人。我国古代著名的思想家、教育家孔子被认为是我国第一位职业教师，他不仅开馆授学，还给我们留下了丰富而影响深远的教育思想。《论语》是孔子生平言论及教育思想的主要载体。通读《论语》，我们会发现，孔子在教育中非常注重培养守道和弘道的"士"：

子贡问曰："何如斯可谓之士矣？"子曰："行己有耻，使于四方，不辱君命，可谓士矣。"曰："敢问其次。"曰："宗族称孝焉，乡党称弟焉。"曰："敢问其次"曰："言必信，行必果，硁硁然小人哉！抑亦可以为次矣。"

——《论语·子路篇第十三》

古希腊著名思想家、哲学家柏拉图不仅创办了阿卡德米学园，还提出了系统的教育思想，他在《理想国》中这样说道：

教育是把一个人从黑暗引向光明，教育是把一个人从低处引向高处，教育是把一个人从虚假引向真实。

近现代的诸多教育家对我国教育的发展及加快教育现代化进程作出了开创性的贡献，不仅在理论方面取得了巨大的成就，而且在教育实践方面进行了大量的探索。陶行知先生曾说过："千教万教，教人求真；千学万学，学做真人。"所谓"真人"，首先得是一个完整的生命，得有一个健全的人格。一个时代、一个民族，总有一些仰望星空的人，他们目光与思想所及也许我们永远也无法达到，但是他们的思想都产生于追逐真理和践行真理的过程中。当然，"以人为镜，可以明得失"，无论哪个时代、哪个民族，只要我们愿意以他们的思想为镜，都可以照见自己的问题。这些大教育家的教育思想，无不是以培养人的优秀品质为核心。在他们的教育思想中，人的生命的发展和完善是一切行动的首位。以此来反观我们当下的教育，无疑有许多值得反思和应该改善的地方。

康德说："人是唯一需要教育的动物。"自有人类社会以来就有教育，从传递社会生产和生活经验，到促进人的发展，教育都表现为培养人的活动。因此，我们追问教育的本质，实际上也是在探求和把握教育的规律，让教育活动的目标指向更科学、更明确，使所开展的教育活动对于人的成长更有价值。

三、对教育本体的把握

我们的教育到底忽视了什么？教育的过程中为什么有人如此漠视那一个个鲜活的生命呢？我想，有一个问题必须弄明白，那就是：教育的本体究竟是什么？

（一）本体

"本体"一词来源于希腊文，结合前人对本体的阐释以及当下有关本体理论的发展状况，我们可以先来看看"本体"的内涵到底是什么。

《马克思恩格斯选集》中对本体的描述是："本体"是人的"命定性"的、"承诺性"的、"必需"的终极追求。"命定性"意味着"本体"的产生、存在和发展是由于人的存在而必然存在。"终极性"是指"本体"永远指向对最根本东西的意义的寻求，对无限性的终极关怀的渴求。

由此，我们不难发现，实际上，对于"本体"的追求就是对于本真的追求，追求的过程也是去除遮蔽、去伪存真的过程。从这个意义上来说，"本体"已不仅仅是一个简单的名词，而是人们对于真、善、美的不断追求，这是一种无止境的追求。

（二）生命

《说文解字》把生命释为："生，进也，象艸木生出土上。""命，使也。"熊十力在《新唯识论》中说:"恒创恒新之谓生,自本自根之谓命。"从词源来看,"生命"兼顾了命根性和生长性、自然性和人文性、现实性和超越性。

当然,生命也有广义和狭义之分。广义的生命不仅包括人的生命、动植物的生命,还包括具有象征和扩展意义的某一活动的生命,如"教育的生命""诗歌的生命"等,而我们在这里言说的主要是人的生命。

从生命最本质的规定性来看,可以把生命作为人的本体,因为生命既是人存在的最初起点,也是人存在的价值归宿,是人的"时间先在性"与"逻辑先在性"的统一。而且,在多数生命哲学流派的共同研究下,"生命逐渐从纯生物的含义演变为具有本体色彩的哲学术语",生命越来越"成为人存在的原始起点","意味着人原始的完整与和谐"。它不仅是人存在的基础和依据,而且是人存在的过程和内容,在这种意义上,"生命等同于存在",是以人的躯体为基础的存在。而人的存在本身就是人的实践活动,所以,人的"生命""存在"和"实践"本身也具有直接同一性。没有生命和实践的人是不存在的,人的存在就是人的生命在实践活动中的存在,包含多个层次、多重境界的存在和生命在实践中展现出的不同形态。生命的追求性和超越性将要求人在实践中不断地提升和完善自身的"存在"状态,展现生命的丰富和充盈。

对于"生命"的理解,我们还可以比较它与其他词的区别,如"人""生命力""生存""生活""幸福"等。

"人"是生命的存在,生命是"人"存在的本体,研究生命可以推动对"人"的研究,不仅如此,越是强调"人"的生命也就越是会关照"人"的个体性、当下性、现实性和具体性。

"生命力"是指生命在流动生成时所具有的一种生命的力量,应该和伯格森的"生命冲动"比较接近。任何一个个体的生命都是具有生命力的,也正是因为生命力,生命才有了流动和无限的可能。但是,生命力并不是生命的全部内容。

"生存"是什么？它更多地指向人们现实中的存活，具体来说就是人们在现实活动中所处的一种状态。

而"生活"仅仅是指人生命的活动，所以也并不是生命本身。

"幸福"是我们一直的追求，是人的生命内容和所追求的目的的统一，它与痛苦、享受、付出和收获等共同构成人生命的全部。

（三）教育的本体

理解了"生命"，我们再来看"教育"。教育活动有广义和狭义之分。广义的教育活动泛指影响人的身心发展的各种教育活动，狭义的教育活动主要是指学校教育活动。而在当下，教育活动比较多地被等同于教学活动。由于教学活动的主体内容是学科知识，于是，知识性教学、知识点内容便成了教育活动的主要内容，教育的主体也就局限于教师和学生，这种认识的偏差或者说鄙陋在于忽视了教育对人的内在价值和对生命的意义，甚至偷换了教育中最重要的"本体存在是什么"的基本概念。

爱因斯坦说："只教给人一种专门知识、技术是不够的，专门知识、技术虽然使人成为有用的机器，但不能给他一个和谐的人格。"雅斯贝尔斯也说："将教育仅仅停留在知识的传授上，这种教育是没有灵魂的。"

有一位第二次世界大战纳粹集中营的幸存者，他后来当上了一所学校的校长。每一位新老师来到学校时，他都会交给那老师一封信，信的内容完全一致，里面写着："亲爱的老师，我是集中营的生还者，我亲眼见到人类所不应该见到的情景——毒气室由学有专长的工程师建造，各类残忍的事情不断发生。看到这一切我怀疑：教育究竟是为了什么？我的请求是——请你帮助学生成为具有人性的人。因为只有我们的孩子在具有人性的情况下，读、写、算的能力才算有价值。"

每次读到这个故事，我都会为之动容，"帮助学生成为具有人性的人"，这个想法多么朴素而又多么真挚！这在教育当中可以说是头等重要的事，但现实中又有多少人会关注这一点呢？更遑论为了这样的目的而去努力了。

要帮助学生成为具有人性的人，我认为，首先要把学生看成是一个生命个体、一个活生生的人；其次要时刻牢记，一切教育活动都是围绕人的生命进行的，教育是一项基于生命存在、直达生命发展并以提高生命价值与意义为目的的神圣事业。由德洛尔任主席的国际21世纪教育委员会向联合国教科文组织提交的报告《教育——财富蕴藏其中》中指出："人既是发展的第一主角，又是发展的终极目标。""应该使每个人都能发现、发挥和加强自己的创造潜力，也应有助于挖掘出隐藏在我们每个人身上的财富。"叶澜教授说："学校教育是直面人的生命、通过人的生命、为了人的生命质量的提高而进行的社会活动，是以人为本的社会中最体现生命关怀的一种事业。"冯建军直接提出："生命是教育的原点，教育是生命的存在形式。"这些都指明了教育应关注人的发展，关注社会的文明进步，应遵循社会发展的客观规律和人自身发展的需要来引导人追求生活的美好和生命的完善，追寻生命的意义。

雅斯贝尔斯说："教育活动关注的是人的潜力如何最大限度地调动起来并加以实现，以及人的内部灵性与可能性如何充分生成。"1997年9月，叶澜教授的《让课堂焕发出生命活力——论中小学教学改革的深化》在《教育研究》上与读者见面，它是我国第一篇从生命的角度去研究教育教学活动的文章。教育发展到今天，已经有越来越多的教育者关注到"生命"。不管生命展现的是简单的还是复杂的，教育存在的前提和依据必然是也只能是生命的存在，教育中没有生命就没有教育活动的发生及意义。

把"生命"作为教育的本体，不仅是因为生命的存在是教育发生的前提和依据，是教育的原点，而且是因为教育的价值和意义在于帮助人提升和完善生命，使人能够在追求幸福的过程中不断成长。此外，我们还应意识到，师生的生命与教育均有着密不可分的联系，没有师生生命参与的教育是没有意义的，没有帮助学生生命成长和提升的教育是无效的。教育是慢的艺术，是在师生相互充分信任的基础上，尊重生命个体的独特性与差异性，发展生命的潜能与主动性，静心耐心地守护生命之花自由主动地舒展开放的过程。

教育与人相伴相生，在人的各种形态的生命中都起到至关重要的作用。教育与生命密不可分，没有生命，教育就无所依存，因此，教育的本体就是生命。教育是基于生命、伴随生命、完善生命的事业，教育伴随生命存在，教育促进生命成长。

1. 教育延伸性命的长度

在人的生命特征中，性命是生命的自然存在，是生命的物质载体，强调的是人的生存。而原始教育与社会生活、生产劳动紧密相连。为了种族的延续和发展，人们会把劳动经验传授给下一代，如打制和使用石器、捕鱼打猎、利用天然的火等就成了教育的主要内容。古书记载："（燧人）钻木燧取火，教民熟食。"（《白虎通》卷一）"燧人之世，天下多水，故教民以渔。"（《尸子》）"神农耕而作陶。"（《太平御览》引《周书》佚文）可见，原始教育最基本的功能是传授生产经验，教给人基本的生存技能，扩展人对自然界的认知并增加掌握的可能性，这是作为一个生命为求得生存所必需的过程，这一过程贯穿于人的一生。从旧石器时代到新石器时代，从火的使用到弓箭的发明，从金石并用时期过渡到铁制工具时代，所有的这些进步都是人类一步步地学习探索和教育传授的结果，教育既推动了生产力的发展、促进了社会的进步，也延长了人类的自然生命。

2. 教育拓展生命的宽度

张曙光在《生存哲学》中说："从生命哲学的角度来看，人之生命有三个层次：第一个层次是最低层次的自然生理性的肉体生命，第二个层次是高于自然生命又低于精神生命的社会生命，第三个层次是最高层次的精神生命。人的生命不仅是生理生命，而且是精神生命。"生命的诞生，是一种伟大的幸运。在浩瀚无边的宇宙长河中，一个可以说非常偶然的机会，造物主赋予了我们生命。对此，我们须心怀感激之情，感激这份生命的赐予，无限珍视这份生命的赐予。

生命是一个伟大的无法复制的奇迹，因为生命有且仅有一次，故而，对于任何一个生命个体而言，其每一分每一秒都绝对是人世间最宝贵的财富。所以，这转瞬即逝的一生，我们应该充实无悔地度过。我们都知道，生命的长度是有限的，那么生命的宽度呢？我们是不是可以尽自己所能去拓展各自生命的宽度？答案必然是肯定的。生命的宽度由很多内容造就，其中有事业的成功、历史的功绩，有个人的品德修养、人格魅力，有温馨的亲情、甜蜜的爱情、真诚的友情等。一个人的生命宽度决定了其生命的意义与价值，也就是说，虽然我们不能拥有无限的生命长度，但是我们可以用有限的生命去努力拓展生命的宽度，去丰富生命的内容，这种无限拓展的宽度就是生命意义之所在。

马克思主义的生命观认为，生命是自然性与社会性的统一，人的生命作为从自然界系统生成的产物，是自然的个体存在，又是社会的存在。生命来源于自然又依存于自然，但人的生命的自然性又是在社会性的实践中生成的，这就必然形成社会性联系并打上社会的烙印，从而具有社会性。教育本身就是促进人发展的社会活动，人是社会的人，社会是人的社会，教育就是人的社会化过程。人需要教育，不仅仅是为了生存，作为社会成员，人还需要学会做人、学会做事、学会相处、学会学习。因此，教育不仅要传授知识、技能，更要培养人适应社会发展所需要的优秀品质、良好习惯、科学思维、审美能力等，教育对于生命的功用在于促进个人的全面发展，使生命具有意义。

帕斯卡尔说："人是一根会思考的芦苇。"人既渺小又高贵，因宇宙的浩瀚而渺小，因思想的深邃而高贵，高贵到即使生命终将结束，我们却仍执着地用思想和精神来拓宽我们的生命。努力拓展生命的宽度，让人拥有高贵的思想和精神，让生命不断丰富、充满色彩，我想，这才是真正为生命负责的教育。

3. 教育成就使命的高度

乌申斯基说："人类教育最基本的途径是信念，只有信念才能影响信念。"托尔斯泰认为："一个人若是没有热情，他将一事无成，而热情的基点正是责任心。"学生是祖国的未来，是国家、民族的希望。因此，我们的学生是否具有社会责任感和历史使命感，既与社会的长治久安密不可分，又与国家的前途命运攸关。社会责任感就是一个人对自己、对家庭、对他人、对集体、对社会、对国家所持有的信念、认识和情感，以及与此相应的基于遵守规范、承担责任和履行义务的自觉态度而产生的情绪体验——自觉关怀社会的态度与意识情感，即古人所言的"以天下为己任"。历史使命感，则是指人们对国家的前途命运有着一种长远或者持之以恒的关注与关心，这种历史使命感的根本动力是社会责任感。

人之最根本的特性是人的社会性。作为社会的主体，人要具有社会责任感。而我们的教育正是以培养社会主义合格公民为指向的社会实践活动。教育除了要传授知识、塑造人格之外，还负有铸造精神的使命，既要培养遵纪守法、履行职责、人格健全的合格社会公民，更要培养具有超越精神、爱国情怀的有责任、有担当的时代新人。

由此可见，教育的本质归根到底是个体的社会化过程。教育是关乎生命的事业，是自然生命体的成长过程。从起点上，教育直面人的生命；在过程中，教育遵循生命的本性，伴随生命成长；在结果上，教育提升生命质量，助力生命完善，实现生命的意义和价值。因此，我们必须摒弃那种漠视生命存在的教育，将教育的本体指向由具象的师生行为，抽象到关注生命成长的过程。

生命恰似两个永恒之间的一片峡谷，"生"是起点，"命"是终结，而连接这起点与终结的便是教育。生命是构成世界存在的基础，世界若缺少了生命将是一个残缺的世界，而教育如果缺少了生命将不能再称为教育，生命构成了教育存在的前提。教育不仅要让学生学到生命存在、生命发展所需要的知识和技能，更要让他们有丰富的生命涵养，成为具有完全人格的人，成为对社会有作用、有价值的人。就这一点而言，将"生命"作为教育的本体，有利于认识教育的持续性和内在张力，而非急功近利地假以教育之名却扼杀了教育的本体价值。

第二节　领悟教育真谛

　　作为教育的本体，个体生命的存在从来不是单独的，人和人之间必然要产生联系。正所谓每一个"我"的周围还有千千万万个"我"的存在，这也就是说，每一个个体生命在发展的过程中都无可避免地会与其他人产生这样或那样的关系，受到来自方方面面的影响。当我们深入挖掘了"影响"之于生命的意义，再重新审视师生关系、探求师生关系的实质时，就会有新的领悟。

　　教师与学生是教育活动中两个最基本的要素，也是教育教学过程中两个最活跃、最重要的主体，他们相互依存、相互作用、相互影响，从而共同推动着教育的进步和发展。在教育教学过程中，师生之间是一种生命式的共存，师生交往就是在用生命影响着彼此的生命，教师在多方面影响着学生，学生也在多方面影响着教师。这种相互影响有积极的一面，也有消极的一面，教育是有目的地发生影响，如果我们致力于生命之间的这种积极的影响，而避免消极的作用，那么，教育就自然而然地实现了它的根本目的，即发展生命、丰富生命、提升生命、完善生命。我们说，在教育教学过程中，在生命的成长中，不仅师生之间存在着互相影响，师师之间、生生之间也同样相互影响，这种影响可能是有意的，也可能是无意的，但却无处不在、无时不有。由此可见，教育，究其本质，就是生命对生命的影响。

一、影响的内涵

毋庸置疑,生命的存在和发展离不开个体之间的相互影响,因此,在具体探讨生命之间如何发生影响之前,我们需要进一步把握"影响"的基本内涵。

(一)"影响"的含义

"影"者景也,《周礼·大司徒》言:"正日景以求地中。"其本义是阳光在高大亭台上投下的影子。"响"者声也,《易·系辞》中释为:"其受命也如响。"其本义是回声。

"影响"一词的重要义项是"仿效、呼应、起作用"。影响是指以间接或无形的方式来作用或改变人或事的行为、思想或性质。我的理解是:既然这种方式是"间接的""无形的",那么就不能机械地强加、生硬地控制,而应顺应事物的规律和人的天性,通过引领、熏染、浸润、点燃,去触动人的内心,启发人的思维,转变人的思想,提升人的自觉意识,引导人的价值观的形成。

(二)"影响"的特征

如同一切事物都有自己的本质特征,"影响"也有其突出的特点。

1. "影响"的发生是间接的、无形的

"间接"是指事物的发生需要通过第三者,也就是说,第三者主观上不参与,但客观上仍对对象起了作用,产生了影响。这个第三者,可以是两者之间的另一事物。比如,孩子通过父母的叙述,对家族里杰出的先辈产生了敬仰之情、追寻之念,于是奋发向上,力承先贤,这就是间接受到了影响。当然,间接性也可以是受影响对象的某一部分先发生了变化,继而这种变化又促使其改变了自己的其他方面。比如,一个人认同他人的所作所为,他首先在意识上发生了变化,认为这种行为是值得学习或借鉴的,随后,在做此类事情时,他就会以此思想来支配自己的行为,从而产生了相应的结果。这里的"第三者"其实就是影响发生过程中的一个重要因素。

"无形"是指某事物的存在不能被人的眼、耳等感觉器官感知，这种事物可以是客观存在的物质，也可以是意识层面的非物质或者以能量等形式存在的概念。一个人最大的变化，就是感觉的变化，而感觉却是无色无形不可触摸的，一个人被影响，其实就是感觉发生了变化。影响正是通过对象的呈现使被影响的对象下意识地仿效而发生改变。至于影响的具体方式，的确是看不见、摸不着的。不论是施于影响的客观事物，还是受影响的对象，都无法从表面直接感知。"无形"还说明影响是深层次的改变。通过影响，能够深刻地改变一个人的思想、意识，从而改变一个人的行为。我们也知道，所谓"弘扬"，所谓"教化"，都是首先通过思想、文化、信仰来改变人的思维方式，引领人的价值观的形成，继而改变人的言行。因为人的行为是受思想意识支配的，人的思维一旦发生了改变，就会选择相应的方向和方式去对待生活和工作，从这个意义上讲，影响是决定一个人、一个社会的意识形态的重要因素。

2. "影响"的过程是缓慢的、有延续性的

影响是通过间接的、无形的方式来作用于客观对象的，这种改变往往不是即刻发生的，而是需要一定的时间和一定的过程，并且影响一旦发生，就会沿着一定的方向继续进行，从理论上讲，这个过程一旦开始，就不会真正停止。比如，我们都知道原生家庭对人的影响，一个人的习惯、性格、心理、观念以及待人接物、言谈举止，都能在家庭里找到原型或影子，哪怕是幼年、童年的经历，也能对人的一生产生这样或那样的影响，这种影响也许不是当时就能明显地表现出来，但终归是融入人的生命，会在某时某地某个方面以某种方式表现出来，如同人生中埋下的伏笔，常常给人以"草蛇灰线，伏脉千里"之感。

影响的过程具有延续性。也就是说，影响一旦发生，不仅能给生命留下永久的印记，还会持续下去，既深且远。诚如卢梭所言："人生当中最危险的一段时间是从出生到十二岁。在这段时间中还不采取手段摧毁种种错误和恶习的话，它们就会发芽滋长，及至以后采取手段去改的时候，它们已经是扎下了深根，以致永远也拔不掉了。"接受影响的人会在最初形成一定的意识形态，他的精神世界即被改变，在没有接受此类信息的其他影响之前，他会一直保存着之前影响留下的效果，并以此来主导着自己的行为。除非这种影响带来的结果又作用到了此人的精神世界，产生了新的不同方向的影响，否则，影响的进程不会终止。

3. "影响"的结果是多种多样的、不可控的

生命所受到的影响可以有好的影响，也可以有坏的影响。古人云，"近朱者赤，近墨者黑"，意思就是在不同的环境中接受的影响不同，最终得到的效果也是不同的。例如，校园里孩子们是一个群体，这个群体有着非常强大的影响力，这样的影响力是熏陶一个孩子心灵和精神的重要环境，而这种影响力的形成又源于学校、教师和校长，源于学校文化和学校办学思想。学校文化和办学思想是一所学校的灵魂，不同的灵魂散发出来的力量、带来的影响力是不同的，影响的效果可大可小、可好可坏。同理，社会上任何一个集体也都是如此。

影响的结果大多是无法逆转的。影响有客观发生的，也有主观造就的。人们有意识地施于外物或他人的影响，是出于一定的目的性，为了达到某种效果而产生的行为。虽然人们可以有目的地选择方式、采取措施去开展影响活动，但影响的效果却具有不可控性，不是想达到什么效果或达到什么程度，就能够按计划实现的，并且即便达到某种程度，也是难以准确衡量的，因为虽然通过一定的作用，但对象的接受程度是不相同的；或者虽然对象会发生改变，但这种改变只能从形式上观测、判断、估量，其实质却无法精准测评。比如，对于那些与家长长期分离的孩子，父母往往不能给予孩子足够的、及时的爱与温暖，这会使部分孩子缺乏理解和沟通的能力，性格上形成一定的缺陷，如男孩表现为暴躁易怒，女孩表现为多愁善感、容易早恋等。这些影响本不是家长想要的，却不以人的意志为转移，而且孩子的这些表现也不是影响的全部，还有很多潜在的内容，难以估量。

(三)"影响"的意义

"影响"对于人的成长、对于文化的传承和社会的发展都具有重要的意义。这种意义主要体现在以下几个方面。

1. "影响"是推动人成长的重要因素

人从一出生就接受到影响——家庭氛围的影响，形成自己的生活习惯和行为习惯，生成人的性格和心理状态；之后接触到其他环境，如到了学校，接受学校环境的影响，形成自己的学习习惯、思维方式；毕业之后，在社会中接受诸多的影响，从而会不断从简单变复杂，从感性到理性，从幼稚到成熟。这样的影响贯穿一生，是推动人不断成长的重要因素。

2. "影响"是精神、文化传承的必要途径

人类精神、文化等都要通过影响的途径来传承和发展。比如，一个家族的家风会影响家里的所有成员，会影响到家里的好几代人，这种影响实质就是一种精神的传承，是共同的因子让家庭成员拥有着相同或相似的精神气质。又如，文化作为在社会历史发展过程中所创造的物质财富和精神财富的总和，是民族的精神和灵魂。文化的发展对国家的发展和命运有着极为深刻的影响，需要一代代人去传承。尤其是文学、艺术、教育、科学等精神文化，其所蕴含的思维、意识、思想、观念、精神，正是在不断的影响中得以认同、接受和传递的。

3. "影响"是实现社会发展的主要形式

在整个社会向前发展的过程中，"影响"无处不在。我们知道，对社会发展起推动作用的有多种因素和力量，而这些因素和力量"作用"于社会发展的过程，其实就是"影响"的过程。历史的脚步从不停息，每一个时代都在接受、在延续、在改变，在这个过程中，社会各种要素在补充、在更迭、在前进、在上升，社会中的一切人、物、关系、制度都处在"影响"和"被影响"中，各种因素的相互影响推动着社会的变迁，推动着社会经济、人文、政治等一系列社会存在的总体发展。

二、生命的本质

《辞海》中"生命"的释义是:"由高分子的核酸蛋白体和其他物质组成的生物体所具有的特有现象。"生命的一般特征表现,即"存在物中的活体",并且具有"能利用外界的物质形成自己的身体和繁殖后代,按照遗传的特点生长、发育、运动,在环境变化时常表现出适应环境的能力"。这里面有两个因素与生命的关系密不可分,一是"外界",二是"环境"。可见,在本质上,生命并不是孤立的存在,而是跟外界环境有着千丝万缕的联系。

(一)影响:生命与自然

生命的本质表现是能够从外界吸收物质、能量和信息,并在内部进行新陈代谢。新陈代谢反映的不仅是生命活体运行的方式,更是生命与自然环境之间的交互、依存等关系,这种关系是十分密切的,也是必不可少的。作为自然界中有"活体"特征的生命体,需要利用外界的物质来维持自身的生存与生长,并且会随着环境的变化而变化,这种变化正是自然对生命的影响结果。

(二)影响:生命与社会

生命的成长受社会环境的影响和制约。人的生命成长是一个社会化的过程,在这个过程中,生命个体根据自己的需要和社会所能提供的条件进行自主选择,这样,生命由少到多、从简单到复杂逐渐发生变化,从而形成自身独特的个性。在人的生命成长过程中,有许多客观外物都会通过唤醒生命的自觉意识来不知不觉地改变着人,影响着个体生命特征的形成。生命是复杂多变的,在时间的维度上,生命存在的状态就是变化,这种变化可称为生理上的长大,却不属于生命真正意义上的成长。生命与其所处的社会环境有着千丝万缕的联系,受着世间万物的无形影响,生命就是在"自控"与"他控"之间保持着发展。生命的这种特性决定了任何外在的强加与灌输都只能改变生命的状态,而不一定能真正促进生命的成长。

（三）影响：生命与生命

冯友兰把人的生命分为"生理生命""社会生命"和"精神生命"三种。相比前两者，对于人来说，更为本质的还是"精神生命"。每个生命体的成长过程是不同的，从这个意义上讲，生命是不可复制的独特的存在。生命作为一种精神存在，在与其他生命的交往相处中，影响着其他生命的发展。精神也是生命存在的意义，它决定着生命的内容，其内涵包括人的情感、道德、意志、理想等，是驱动生命不断成长的核心力量。而人的精神的提升需要理想的启迪、品德的浸润、情感的渗透。生命只有在相互影响中，才能变得更加丰富。

综上所述，生命在各种各样的影响中得以改变、成长和丰富，即自然影响着生命的存在，社会影响着生命的成长，精神影响着生命的丰富。

三、教育的形式

行走在教育教学实践中的我们或许都曾思考过这么一个问题：什么才是好的、真的教育？这种思考的背后其实是我们在探索：作为一种能够影响人的身心发展的社会实践活动，教育应该如何发生？这种探索的目的其实是我们想弄清楚：教育的本质表现是什么？教育对人的"影响"表现在哪些方面？

教育的本体是生命，教育是"有意识地通过若干方法、媒介等形式向他人传递信息，期望以此影响他人的精神世界或心理状态，帮助或阻碍他人获得某种观念、素质、能力的社会活动"。教育这种有意识、有目的、自觉地对受教育者进行的培养往往是通过改变个体的意识空间来改变个体的选择指向。"影响"是教育发生的根本途径，也就是说，当"教育者"对"受教育者"的"影响"发生时，教育就发生了。因此，我们说教育的形式是"影响"，教育行为的本质是生命对生命的影响。

（一）教育意义的实质：影响生命

教育伴随着人类社会的产生而产生，随着社会的发展而发展，与人类社会共始终。教育过程伴随一个人的一生，对人产生持久而深刻的影响。教育与人相伴相生，在人的各种形态的生命中都起到至关重要的作用。教育伴随生命、影响生命，教育对生命的影响在于以一种意识改变另一种意识，以意识之间的碰撞、磨合、渗透及变革为目的，促进个体发展，引导生命成长。

教育对生命的影响就是通过生命在自然场域中的相互作用改变人的思想和行为。这种影响的实质及表现就是点燃、点悟和点化，通过点燃、点悟和点化，去触动人的内心，转变人的思想，激发人的自觉意识，引导人的价值观形成，实现生命的丰富和成长。

1. 影响——点燃生命亮光

影响在生命的彼此作用、相互点燃中发生。教育对生命的影响是深远的、长久的。教育需要适应生命个体成长规律，守护生命本真，引领生命向前，在生命的成长中激发其巨大的潜能。教育就是通过丰富多彩的活动、各种各样的方式方法，构建生命相互影响的场域，使生命共同体之间产生生命共振，以此点燃生命亮光，使生命在彼此的影响中不断丰富，不断成长。

2. 影响——点悟生命意识

影响在生命接受指点、获得感悟中发生。教育对生命的影响是深刻的、本质的。生命交往的实质是意识层面的复杂活动，包含着思想的交流、情感的传递、思维的启悟、能量的倾注、精神的感染。教育点悟生命，需要从平等、平视的角度实现教育的对话，因为"没有交流就没有对话，没有对话就没有真正的教育"。教育是心灵的转向，人的一切改变首先从心开始，在生命与生命之间的对话中，心有所动，心有所悟，人的精神、意识才能发生质的变化。

3. 影响——点化生命智慧

影响在生命给予启迪、进行教化中发生。教育对生命的影响是积极的、有意义的。生命需要生命的引领，需要在精神与道德的照耀下逐步升华。点化和润泽生命是教育之本。作为影响的一端,教师在教育活动中通过理想的启迪、品德的浸润、情感的渗透,使学生的生命质量得以提升,使个体的生命智慧得以形成。

因此,教育行为的实质是点燃、点悟、点化,是生命与生命的对话,是通过心灵的交流和思想的碰撞而发生的影响。

(二)师生关系的实质:生命共同体

师生关系是教育活动过程中最基本、最重要的关系。《中国大百科全书·教育卷》对师生关系给出了明确的定义:"师生关系是指教师和学生在教育、教学过程中结成的相互关系,包括彼此所处的地位、作用和相互对待的态度等。"

1. 师生关系的表象:社会关系

一般而言,师生关系是指教师和学生在教育教学活动中为完成一定的教育任务,以"教"和"学"为中介而形成的一种特殊的社会关系,这种关系决定着教师和学生的地位、作用和态度等。师生关系一般表现为以下几种形式:

(1)工作关系

工作关系是指教师和学生在教学任务、课程计划、学校规章制度和其他行政措施指导下形成的一种关系,这种关系是师生间最基础的一种关系,是指教师的"教"与学生的"学"形成的相互关系。

(2)心理关系

在教育活动中,始终存在着师生间的亲密交往和心理交流。学生总是有一种向师性,尊重、信任自己的教师,服从教师的安排和指导,渴望与教师多沟通,同时希望得到教师的肯定和表扬。

(3)道德关系

在教学活动中,教师和学生都必须履行一定的责任和道德义务,这就出现了师生之间的道德关系。无论何时,尊师爱生都是对师生间道德关系的最准确、最生动的概括。一方面,教师对学生的爱护拥有一种潜在的教育力量；另一方面，学生对教师的尊敬也是学生道德水平的集中体现。

2. 师生关系的实质：生命共同体

我们说师生关系是教师和学生之间的工作关系、心理关系和道德关系，这没有问题，但这还只是师生关系的表象。实质上，教师和学生的关系是互为依存、互相影响的关系，在师生交往的过程中，教师影响着学生，学生也在诸多方面影响着教师。教师和学生影响的相互性随着现代社会人的主体意识和自觉发展意识的增强而越来越明显。个体最初的行为意义是从与母亲的互动中习得的，到了学校之后，师生之间的相互影响发挥出最为强烈的文化作用，形成了生命共同体，这种生命共同体关系具体体现在师生之间的相互影响。

（1）教师对学生的影响是毋庸置疑的

《论语》中有言："其身正，不令而行；其身不正，虽令不从。"教师的每一个细小的动作，都可能会被学生看在眼里、记在心里，都能对学生产生潜移默化的影响，而这样的影响甚至会波及他们的未来。教师是一种特殊的职业，是用心灵浇灌心灵的职业，是用生命影响生命的职业。德国著名的民主主义教育家第斯多惠曾言教师有着"引导别人走正确的路，激发别人对真和善的渴求，使别人的素质和能力得到最高的发展"的神圣使命，他对教师提出了相应的要求，认为教师应该培养自身优秀的品质，要有爱教育、爱学生的思想，要有坚定的性格和顽强的意志，要有一定的教学能力和一定的语言表达能力等。苏霍姆林斯基也曾说过："我们教育工作者的任务就在于让每个儿童看到人的心灵美，珍惜爱护这种美，并用自己的行动使这种美达到应有的高度。"

人们常说，"德高为师，身正为范""有什么样的教师就会教出什么样的学生"，这说明教师自身的教育教学能力、人格魅力以及内在素养都会对学生产生影响，这些影响又是多方面的。

一是影响着学生价值观的形成。价值观对人们的行为具有重要的驱动、制约和导向作用。教师是培养学生价值观的"重要他人"，对培养学生高尚的道德情操，使学生形成正确的价值观和积极的人生态度具有不可替代的作用。教师被称为"人类灵魂的工程师"，在教育教学活动中影响着学生的成长和发展。学生的成长需要教师的正确引导和示范。不仅是在教学工作中，在日常生活中，教师为人处世的方式和态度也无时无刻不在影响着学生，不仅影响着他们的现在，甚至影响着他们的未来。罗素说过："为了对学生给予道德上的影响，教师本人必须是道德高尚的人，自己没有的东西是不能传授给别人的。"教师拥有正确的世界观、人生观和价值观，才能积极引导和鼓舞学生，促进学生形成正确的价值观。

二是影响着学生人格的形成。师生关系是学生学校生活最基本的组成部分，师生关系的好坏直接影响到学生人格的形成。人格是一个人各种比较重要和相当持久的心理特征的综合，是个体基本精神面貌的体现。爱因斯坦说："优秀的性格和钢铁的意志，比智慧和博学更重要，智力的成熟，很大程度上是依靠性格的，这点往往超出人们通常的认识。"和谐的师生关系是学生形成健全人格的基本条件。在良好的师生关系中，学生作为积极的合作者，能与教师形成平等、合作、交流的和谐友好关系。学生在师生交往中体验到尊重、友爱、平等，这有利于学生发挥潜能，实现自我价值，提升生命品位和灵魂境界。苏联教育家乌申斯基指出："在教育工作中，一切都应以教师的人格为依据，因为，教育力量只能从人格的活的源泉中产生出来。"教育就是一种用人格塑造人格的事业，是用生命影响生命的过程，教师的人格直接影响着学生人格的形成和发展，对学生的健康成长具有深刻意义。因此，教师应该用积极向上的精神风貌、健全高尚的人格去感染和影响学生，以促进学生生命健康、全面发展。

三是影响着学生的心理健康。师生关系是一种特殊的交往关系，如果师生关系紧张，势必会使学生产生心理压力，心里感到压抑，而负面情绪的长期积累很有可能导致心理问题，严重时甚至会引发心理疾病。处于成长期的学生可塑性很强，非常容易受到外界的感染和影响，有时候教师的一句话甚至可能影响学生的一生。和谐良好的师生关系有利于形成轻松愉快的教学氛围，使学生有一个良好的心态，心情愉快地学习，这样不仅能够提高学习效率，而且能减轻学生的心理压力和疲劳感，保证学生心理健康发展。此外，教师的心理健康作为教师心理素质的一个重要方面，是教师自身职业适应和职业发展的基础条件。教师的心理健康不仅直接影响教师自身的身体、健康、生活、工作及家庭幸福，而且通过长期的、潜移默化的作用对学生的心理健康会产生巨大的、深远的影响。因此，教师一方面要关注学生的学习状况，注重对学生的心理疏导，注重师生间的协作沟通，找到师生良性互动的途径，帮助学生消除负面情绪的影响，使学生保持积极向上心态；另一方面还要重视自身心理健康水平的提高，把自身的心理健康当作一种重要的教育资源。

（2）学生对教师的影响也是巨大的

长期以来，人们在研究教师和学生的影响关系时焦点大都集中在教师对学生的影响上，很少逆向思考和分析学生对教师的影响问题。我们说，世间万事万物都是相互联系、相互影响的，实际上，作为教育教学的两个基本要素，教师和学生是生命式共存、生命式交往，是双向性的关系，二者之间的影响必然是相互的。虽然在这种双向性的关系中，教师对学生施加影响看上去是主要的，但是在整个教育教学的过程中，学生也在不断地推动着教师的成长和发展。事实证明，一方面，教师在多方面影响着学生；另一方面，学生也在多方面影响着教师。如果我们仅仅把教师在教育教学活动中受到的来自不同学生、不同方面的影响当作考量教育效果的一个方面，这是不够的，也是不科学的，因为其出发点还是在教师而不是学生，学生还是处在被动接受影响的位置。既然关注到学生对教师的影响，就应该把视角切换到学生这边，把学生作为对教师施加影响的对等的主体。

由此视角分析，我们会发现，学生对教师的影响也是多方面的。

一是影响教师的专业能力。学生的年龄、性别、个性心理特征等都会对教师产生较大的影响。就年龄而言，它的不同意味着学生有不同的生理、心理成熟度，有不同的社会经验和文化知识。这些无疑都会影响教师对学生的预期和要求。现实中，我们可以很明显地看到教师对于高中学生和对于小学生的教育不一样。即使在同一班级中，对于不同年龄的学生，教师也会采用不同的教育方法，提出不同的要求。就性别而言，由于男女生生理特点的不同，从小学到中学，特别是青春期开始后，男女生在心理上存在着较大的差异，这也影响着教师的教育方法选择，如教师对高中女生一般会采取较委婉的方式进行教育，而对男生更多的是采取直接的方式进行教育。此外，学生的学习能力、水平高低会影响教师对自己专业能力的定位，积极进取、不断创新的学生群体必定会影响到教师对新知识、新技能的学习态度，"倒逼"着教师不断更新知识体系，引领学生向前发展，由此也会产生"马太效应"，即强者愈强，弱者愈弱。常有教师戏谑道：教小学就成了小学的水平啦！这在一定程度上反映了不同群体的学生对教师的教育教学技能的需求不同，这种压力会影响教师自我提升专业能力的目标和态度。

二是影响教师的教学风格。自我国改革开放以来，因世界各种文化的相互交融、获得信息的便利，中国传统文化受到冲击，同时当代中学生开始对自我有了更清晰的认识，渐渐开始强调自己独立的思想、见解，渴望能了解社会，了解成人，渴望能主宰自己的命运，主体意识和自觉意识都在加强，因而，他们已经不再满足于教师单纯的传授，他们更注重教师对自己人格、思想、习惯的尊重，非常希望得到教师的理解和帮助。他们有的利用对教师教育的各种反馈来"矫正"自认为不适合的教育教学方式，有的会积极地向教师表达自己的想法和思考，希望能够获得适合自己的学习方法和途径，这些对教师来说不可能不产生影响，教师就在这些"外力"的作用下，不断更新自己的教育教学理念，自觉改进、修正自己的教学方式，探索有效的教学策略，再结合自身的特点，从而逐渐形成了个人的教学风格。

三是影响教师的心理素养。教师心理素养在教师素质结构中起中介和核心作用，良好的心理素养是教师提升职业道德修养的基石。很长一段时间，我们注重从师德涵养、专业素养等方面去促进教师的心理健康建设，要求教师健全自己的心理素质，加强自己的心理素养，却忽视了学生对教师的心理产生的影响。究其原因是我们并没有充分认识到学生在教育教学过程中的主体地位，至少还没有找到其主体作用的立足点，因而在很大程度上没办法摆脱传统教育教学观念的桎梏。作为有感性的生命体，教师的生活多与学生有关，学生的行为、态度、特点等时时刻刻在影响着教师的情绪，至于压力、失望、愤怒、舆论冲突等，则是更为明显的表现，这些都是教师形成某种心理的重要因素。事实上，学生作为影响的一端，对教师的心理影响并不仅在于情绪，其对教师的师德建设、潜能发挥也有重要的作用。把对师生相互关系认识的立足点放在学生身上，把学生作为对教师影响的施加者，这种变换给我们提供了重新审视师生关系的方向和启示。

正是因为师生之间相互影响，在学校的日常工作中，必须坚持人本教育理念，改变传统的师生、生生关系，重新建立一种和谐的新型的生命共同体，逐步形成一种平等、民主、和谐的，彼此相互作用、相互影响的新型关系。当教师和学生处在可靠、健康、相互关爱和令人满意的关系中时，师生的身体、智力、情绪都会运行得很顺畅，教育教学也会达到预期目的，师生的生命都会健康成长。

3. 师生关系的理想状态：生命式交往

泰戈尔说过："教育的目的应当是向人传送生命的气息。"在教育教学活动中，个体生命的彰显主要表现在教师和学生生命的灵动呈现和生命的价值显现。教师和学生是一种生命式共存，师生交往是用生命影响彼此的生命，以促进和实现生命的自信、自明和自觉。因此，在师生交往过程中，理想的状态是：回归生命本真，发掘生命意义，和谐生命交往。

（1）回归生命本真

纵观历史，我们可以发现，在教育教学中，教师和学生是永恒不变的利益双方。教师和学生在不同的历史时期和不同的地域环境中扮演着各式各样的角色。从教师的角色来看，在原始社会时期，教师一般由"长者""智者""拥有劳动生存技能的人"所扮演;到奴隶社会时期,教师则一般由奴隶主、武士、骑士等专门训练人的人来担任;到封建社会时期,既有官方学校,又有私立学校,官方学校的教师一般由有学识的人专门从事,而私立学校的教师则多为不得志的、在科举考试中失利的有才学的人来担任;到了近现代时期,随着教育的发展,教师所扮演的角色更加多样化和复杂化。总而言之,教师是知识的传递者,也是学生的指导者,是学生的引路人,也是教育的研究者、未来的合作者,等等。

因为教师角色的复杂化、多样性和发展性,师生交往形式也就变得多种多样,但不论是什么样的形式,最终都要回归到人,回归到人的生命中去,去寻找教育的意义、生命的价值。当然,不管教师和学生在教育中扮演着什么样的角色,不管这种角色是主动的还是被动的,教育都必须尊重师生应有的生命的本真状态。只有让教师和学生的生命意义都在教育中得到应有的尊重和显现,让教师和学生的生命得以自信、自觉、自明,教育才是有意义的,才能回归生命本真,才能改变师生生命的存在状态。一旦教育忽视了教师和学生的生命,那么教育也就不能再称为教育了,只能是机械地训练,是没有生机与活力的,而且这种长期的机械训练,既会使教师失去了"教"的激情,又会使学生失去"学"的兴趣,更不能达到促进学生个性健康发展的目的。

(2)发掘生命意义

师生交往是交流信息和相互作用的过程,是一种生命式的交往。这种在校园里所进行的活动不是机械的、无趣的、呆板的,而是带有良好的愿望、积极的目的,通过人与人之间的心理接触、直接沟通、相互作用,创设和睦的教学环境,使彼此达到一定的认知。在原始社会中,学生是生活经验、劳动经验的交流者和模仿者;到奴隶社会时期,学生可以说是成为经过教育的战争工具;到了封建社会时期,由于更多的政治原因,学生被培养成了安分守己的"顺民";再到近现代社会,随着社会、经济等各个方面的发展,学生的角色也悄悄地发生了变化。这样的结果就是,教师面对条件各异的学生却不知如何教了。是的，面对我们整天在说着、在做着的教育，我们忽然就迷茫了，教育的功能价值也日益模糊，甚至导致师生角色定位困难，角色失常，这些都直接影响了教育教学活动的顺利有效开展。由此，教育产生一定的混乱和矛盾也是必然的了。那么，面对这些问题，我们就不得不思考：师生到底应该在什么样的教育状态下共存？生命该如何进行交往，才能使师生都摆正各自在教育活动中的位置呢？

在教育教学活动中，教师和学生是两个最鲜活的生命存在，也是教育中最应该受到本质关怀的对象。他们的成长、探索行动对教育的本来面貌有着直接影响作用。另外，教师和学生也是教育中两类最复杂的人群，他们具有鲜活的生命、深刻的思想，掌握着知识，又成长在充满碰撞与竞争的环境里，这一切决定了他们的行为活动要朝着发掘、创新的方向发展。为了发掘生命意义，教师和学生都面临着巨大的挑战，任重道远。其中，教师需要不断思考，需要根据自己的理解和实际情况展开行动，必须做一个有能力的、合格的行动者，做生命意义的发掘者；学生也不能只停留在课本上的条条框框，而应该理解以及采取行动。生命式交往决定了我们所追求的教育是能够理解生命的教育，是生命能够行动的教育，是能够发掘生命意义的教育，是能够让生命意义逐渐显现的教育，是能够改变生命存在状态的教育。

（3）和谐生命交往

教师和学生共同生活在一个校园中，我们可以把这个校园看作一个场域，如果再从教育社会学的角度来看，这个场域就是一个教育文化场域。在这个场域中，教师和学生就是两类不同的文化群体。随着时代的变迁、文化的发展、地域环境的改变，他们的言行举止、角色地位和思想状态都会发生改变。在教师的一生中，他们会和无数的各种各样的学生交往；同样，学生也会和很多且性格各异的教师交往。师生交往的过程是一个思想碰撞、生命融合的过程。当然，由于教师和学生的个体特性的差异，他们的存在方式、生活方式以及文化特质必然是有所不同的，因而在这个过程中，和谐师生交往是生命相互影响相互融合的重要条件。孔子曰："君子和而不同。"师生间的这些不同属于正常现象，是自然存在的，也是丰富彼此的宝贵资源。只要在交往的过程中，教师和学生都有一颗仁爱、包容和理解之心，学会换位思考，以一种欣赏的眼光去看待别人，多看他人的长处和优点，就会在交往过程中享受到一种愉悦的、和谐的情绪体验。师生之间的这种和谐关系是生命式交往的理想状态，它能够使交往中的师生的生命意义不断显现，使教育充分发挥其本质性的价值和意义。

当然，我们做教育，更多的是关注教师作为生命引路人的责任和使命。我们应充分认识到这种生命式的交往，其影响并不全部来自"言传"，实际上更多时候是来自"身教"，所以我们说"身教胜于言传"，这就要求教师在日常的教学活动中注重提升个人文化素养，提高自身人格魅力，不仅要有渊博的学识，更要有健全的心理、独立的人格、高贵的灵魂和丰富的精神。这些都会体现在教师日常的一言一行中，并在引导和影响学生的过程中产生"润物细无声"的效果，对学生产生潜移默化的影响，并且这样的影响甚至能延伸到他们的未来。这正如陶行知先生所言的"要想学生学好，必须先生学好，唯有学而不厌的先生才能教出学而不厌的学生"。

（三）教育形式的实质：影响三视角

如果将教育的本体认作知识，其自然的教育行为便是"传递、传授"。知识性教学在教育中的确十分重要，甚至目前是，未来也仍是对世界本质的重要探索方式。但是作为一项培养人的有计划、有系统的活动，教育的内涵十分丰富，其本体显然不是具体的知识，而是接受教育的人——一个个鲜活的生命。"我们必须一般地观察问题，必须把我们的学生看作抽象的人，看作无时不受人生的偶然事件影响的人。"卢梭在《爱弥儿》中如是说。宋代大儒张载说："教之而不受，虽强告之无益。譬之以水投石，必不纳也。"因为教育的对象是人，是生命，所以教育只能通过影响来发生，而不是一种简单的外在强加。因此，基于"教育的本体是生命"这一认识，"影响"才是教育应有的行为观。

教育的形式是影响，学校是师生生命发生影响的场所，学校教育是个体生命为追求、提升而获取持续发展能力的动态过程，在这一过程中，师生生命彼此影响，相互促进，彼此成就。

1. 影响的平视角——教育发生在对话里

卢梭说："误用光阴比虚掷光阴损失更大，教育错了的儿童比未受教育的儿童离智慧更远。"教育对生命的影响应该是深刻的、本质的，更是积极的、有意义的。教育活动所包含的内容并不单单是教师的"教"与学生的"学"，更多的是生命对生命的影响。而且，这种影响不仅存在于师生之间，还存在于师师之间、生生之间；不是教师单向影响着学生，学生也影响着教师。

因此，基于影响的教育行为观，我们首先需要建立起教育行为的平视角，即从平等、平视的角度，实现教育的对话，而非占据道德高度地说教与表演。对话是主体之间以语言为媒介的交流与沟通，也是主体之间通过精神的相遇与交融而达成的一种视域融合。教育在本质上是生命之间的对话，通过对话，传达思想情感，呈现思维方式，转换精神能量。雅斯贝尔斯说："对话是真理的敞亮和思想本身的实现。"而这种对话须以生命之间的相互尊重为前提，以平等交流为保障，以建构生成为价值追求，让每一个富有个性特征的生命在对话中相互影响，促使生命不断成长。

（1）教育是相互尊重的对话

相互尊重是对话的前提。生命是自然的结晶，也是造化的灵魂，每一个生命都值得尊重。对生命的尊重，不是形式，也不是姿态，而是发自内心的愿望和切实的行动。美国教育家爱默生指出："教育成功的秘密在于尊重学生。"只有尊重学生的教育才能赢得学生的尊重，形成相互尊重的教育常态。相互尊重包含着相互理解、彼此宽容、相互接纳、相互鼓励与相互欣赏等诸多内容，在尊重的前提下使对话成为可能，是生命发生相互影响的关键。

（2）教育是平等交流的对话

平等交流是对话的方式。人类主体性的弘扬及独立意识的增强，带来了师生之间关系的新变化，教育主体间不是服从与被服从的关系，而是一种"互为主体"的平等交流、相互理解的对话关系。这种对话不仅是知识交流的过程，而且是生命间共同地、平等地探索真理与自我认识的过程，是心灵的沟通和生命的对话，是一种精神相遇。在交流中，生命之间展示知识与思想，增进了解、深化理解，融合智慧、共同提升。教育正是在满足生命平等交流的内在要求的基础上，通过对话的外在方式，实现生命的相互作用。

（3）教育是建构生成的对话

建构生成是对话的目的。生成性是教育自在之属性，教育作为一种人为的存在，是文化的建构过程，而不是某些活动的简单叠加和重复。教育亦非简单的文化传递，而是把人类创造的一切物质和精神财富所凝结的意义，内化为生命个体的主观能动性，实现自我人格的生成。教育是一种建构生成的对话，师生是对话的直接参与者和体验者。通过生命间的对话，人与文化更为有效地实现相互同化、相互建构，促进生命个体的总体生成。教育是师生之间生命的对话，这种对话是在生命间建构一种对称的、和谐的关系，通过真实的实践、交往、体验与对话机制，使人的生命充满活力，让人懂得生活的意义，助人实现生命价值。

2. 影响的深视角——生命提升在引领下

教育就是引导、引领。基于影响的教育行为观，教师作为影响的一端，其本身的厚度、深度与力度，直接关系着影响的效果，关系到"一棵树摇动一棵树，一朵云推动一朵云，一个灵魂唤醒另一个灵魂"的实现程度。雅斯贝尔斯说："人只能自己改变自身，并以自身的改变来唤醒他人。"教师只有先做到自我改变和不断突破，才能更好地引领生命的提升，帮助学生健康成长。教师变了，学生就变了，教育生态就变了。所以，教师需要通过不断学习来提升自己，要对个人专业成长进行深度思考，提升自己的职业价值追求，丰富学识和思想，提升精神和品质，努力使自己成为一个品德好、业务精、能力强的教育家型的教师，在生命的相互影响中做好学生的引路人。

在生命对生命的影响过程中，教师对学生的引领主要体现在价值引领、行动引领和精神引领三个方面。

（1）价值引领

作为一种特殊的教育活动形式，教师的日常工作不只是表层的教学行为，更多的是基于价值层面的指导与引领。引领学生感悟人生的意义，引导学生树立正确的世界观、人生观、价值观，帮助学生学习做负责任的合格公民，这些都是教师的重要职责。教师的"为师之道"影响着学生的"为人之道"，教师对情感、态度、价值观的目标地位的理解和把握深刻影响着学生的成长，这种影响贯穿于教师日常的学科教学，发生在师生心灵的交流和生命的融合过程中。教师的价值引领是超越了知识传授层面的、对学生人生方向目标上的导引，是一种旨在帮助学生形成理想信念的引领，这对于学生的生命成长具有决定性的作用。

（2）行动引领

教师是学生天然的模范，这不仅因为教师扮演着传道授业解惑的角色，更因为教师与学生生活在同一个空间，有着生命式的交往。"喊破嗓子，不如作出样子。"靠单纯的说教很难使学生真正信服，言教之外，身教为学生的思维发展开拓了从感性到理性、从理性再到实践的认识道路，这种形象直观的教育和引领更容易被学生接受。"其身正，不令而行；其身不正，虽令不从"，行动是无声的语言，引领不都是抽象的，教师通过具体的对人对事对物的处理，能够让学生更直观地了解和把握具体的方法和措施，更深刻地感受到来自教师的情感、能量与人格魅力，从而由衷地欣赏、自觉地学习。叶圣陶说："教育就是培养习惯。"教师的教育教学活动就是在用自己的行动培养着学生习惯、引导着学生前行。

（3）精神引领

捷克教育家夸美纽斯说："在太阳底下，没有比教师这个职业更光辉的了。"

可见，教师已成为一种精神坐标式的存在，肩负着引领大众前行的社会期待。有其师，必有其弟子。教师是人类灵魂的工程师，是学生行为的典范。作为学生的榜样和表率，教师对学生最经常也最重要的影响是深层次的精神引领。在教育教学过程中，教师的职业道德、思想境界、人格精神等对于学生来说具有示范、感染、触动、唤醒等多方面的作用，对于学生素质的提升、品质的形成、精神的构筑具有重要的意义。对于学生来说，学习之外更重要的是他们的精神成长，只有精神成长才能实现生命真正意义上的发展和提升，而学生的精神成长离不开教师的精神引领。

苏联教育家加里宁指出："教师的世界观，他的品行、他的生活、他对每一现象的态度都这样或那样地影响着全体学生。"教师对学生的价值引领、行动引领和精神引领，归根结底都是为了促进学生的自主发展。教育是生命对生命的影响，教师是学生生命成长的陪伴者、参与者，更是学生生命提升的引领者、助力者，只有尊重生命的成长规律，全面了解学生，自觉为学生终身发展承担责任，才能让生命之间的影响向着积极的方向发展，才能有效促进学生健康、全面发展。

3. 影响的长视角——生命成长在活动中

当将教育行为理解为影响时，其行为的终止符就不能停留在学业的结束、考试的完毕，而要从生命成长规律的角度，构建具有长周期效应的教育内容与行动策略，让教育适应生命个体成长规律，守护生命本真，引领生命在成长过程中发掘潜能，让教育回归其应有之义。

基于影响的教育行为观，从长视角而言，需要在学生生命体内植入能够贯穿其一生的信念与价值观体系，当然这种"植入"需要通过日常的教学活动进行融合与体现。这些具有长视角的活动是有目的地影响生命客体以满足自身需要的过程，在这个过程中，通过生命对生命的影响，达到丰富生命、提升生命、绽放生命的目的。这些活动应具有如下特点。

（1）指向生命成长

生命的成长离不开活动，活动的意义是让生命在充分的活动中获取知识、形成能力、养成高尚的品质和完善的人格。活动的目标指向是生命成长。因此，在生命对生命的影响中，要充分开发学校和社会活动资源，开展关于工作、学习、品质、情感、心理、锻炼、交往、实验、创新等各类指向明确的活动，让丰富多彩的活动丰富生命的内容，让富有特色的活动彰显生命的特色，让生命在活动中丰富知识、提升能力，增长智慧、获得感悟，充满活力、茁壮成长。

（2）满足个性需求

开展活动的目的在于满足人的个性需求。因此，要实现生命对生命的影响，应坚持以人为本，尊重个性，让活动惠及全体学生。学校应有效运用校内外活动资源，逐渐形成自己的特色，并通过这些独具特色的活动，将文化精神深入人心、内化为品格，让生命在活动中彰显独特风采。生命对生命的影响发生于生命活动的方方面面，如规范化的组织、扎实化的训练、经常化的开展、社会化的展示等，这些都有利于突出学生的主体地位，唤起学生的自我意识，发掘学生的创造潜能，最大限度地满足学生的个性需求。

（3）促进全面发展

教育的目的是促进人的全面发展，活动具有独特的人性化教育功能，丰富多彩的活动有助于学生良好心理品质的形成，有利于促进学生的全面和谐发展。基于生命成长的价值取向，我们的教育教学活动应从活动目标入手，使学校各项活动开展形成常态，还要立足于教育行为影响的长视角，充分结合生命的成长需求，科学规划，系统实施，组织促进人的全面发展的系列活动，如指向丰富生命内涵的主题活动、指向展示生命风采的文化活动、指向提升生命智慧的科技活动、指向绽放生命活力的健体活动等，让学生在活动中旺盛成长，更让生命在活动中生成能够影响其一生的精神品质和发展能力。

因此,教育就其行为本质而言,是影响而不是支配;就其途径而言,是感染而不是训练;就其目的而言,是解放而不是控制。教育是人与人的生命对话,是通过心灵的交流和思想的碰撞而进行的影响。

第三节 探寻教育意义

纽曼说:"成长是生命的唯一见证。"无论我们身处什么样的时代，生命的培育与成长都是人类发展的基本动力与最终目的。教育是慢的艺术，是在相互充分信任的基础上，尊重生命个体的独特性与差异性，发展生命的潜能与主动性，静心耐心地守护生命之花自由主动地舒放展开的过程。将"生命"作为教育的本体来进行认识，教育的过程其实就是生命意义逐渐显现的过程，教育的作用就是改变生命的存在状态，教育的意义在于促进生命成长。而生命的真正成长主要表现在精神层面的成长，从这个意义上讲，教育对生命的促进主要体现在教育助力生命自信、教育催发生命自明、教育促进生命自觉三个方面。

一、教育助力生命自信

自信，在汉语里的意思是自己相信自己，在英语中的解释是：Believe that one is right on something or that one is able to do something. 在这里我们能够看到东西方的文化差异。"自己相信自己"是一个比较模糊的概念，相信什么呢？需要完全相信吗？相对来说，英语中对自信的解释就比较明确一些，它的意思是说只要人认为某件事自己是对的，或者认为自己有能力做好某件事，就可以拥有自信。我们理解一个词的时候，需要了解我们的文化在建构一个词语的同时也建构了人的内心世界。

自信、自信心或者是自信感，是个体对自身行为能力与价值客观认识和充分评估的一种体验，是一种健康向上的心理品质。对于自信的理解有广义和狭义之分。从广义上来说，自信其实就是在自我评价时候的一种积极态度，是对自身的一种肯定和认同。从狭义上来说，自信与积极密不可分，如果积极缺少了自信，那这种积极一定是低能的、低效的、软弱的、不彻底的。总而言之，发自内心的自我肯定与相信才能称得上自信，这种自信与自我肯定无论是在人际交往上、事业上还是在工作中都表现得尤为重要，因为只有自己首先相信自己，才可能获得他人的信任。

自信是人的第二生命。苏格拉底说："一个人能否有成就只需看他是否具有自尊心和自信心两个条件。"萧伯纳说："有信心的人，可以化渺小为伟大，化平庸为神奇。"拥有健康的身心是成功的关键，而自信是健康身心的必要条件。自信心来源于一个人内心强大的力量，将自信放在天平的一端，另一端托起的是整个天空。

人能够通过教育由自然状态达到自信状态。人的自信心是人成长发展过程中不可或缺的品格，对生命的成长有着不可替代的核心价值。但自信心不是天生就有的，人作为一个活生生的独立的生命个体存在于世界上，其所具有的自信除了在个人内在品质的主观基础上生成之外，还需要学校、家庭、社会等外在因素的激发与培养。教育具有开发个体特殊才能和发展个体个性的功能，有助于个体特殊才能的发现和发展，并使受教育者不断获得自我认可的成功体验。真正的教育能够使教育对象的生命状态达到自信状态，从容应对人生的各种问题和挑战。

美国国际教育基金会会长夏保罗说："一个人进入社会后，综合素质是最重要的。综合素质虽然包括很多内容，但首先表现为自信心。因此提高孩子的综合素质，关键在于帮他树立自信心。"在教育教学实践中，我经常为此感到欣慰，因为我们的教师对此深有体会。

有人说班主任是世界上"最小的主任"，可这"最小的主任"管的事却特别多、特别细，甚至很多时候令人头疼不已。这不，我又遇到了一个令我头疼的孩子。这个孩子看上去是个貌不惊人、普普通通的男孩，可凡是教过他的老师提起他都会无可奈何地摇摇头说:"这个学生软硬不吃,我真是拿他没任何法子。"这个孩子平时什么表现呢?上课时经常和旁边的同学讲小话,排斥老师,老师提问他,他会把脸转向另一边,不看也不答,作业是经常不做不交,劳动时会躲避逃跑,教育处分等用在他身上不见丝毫效果。

在经过一段时间的斗智斗勇后,我找到了问题根源,开始对症下药。

第一,观察了解,分析原因。我除了主动找他聊天外,平时注意细致观察,准确诊断出问题根源所在,然后通过谈心、讨论、家访等方式帮助他寻找产生问题的原因,并使他深信,只要通过老师和自己的努力,即使自己某方面能力较差,学习后也完全可以提高,增强他参与学习的自信心。

第二,唤起信心,激发动力。为了提升他的自信心,在语文课上,我尝试着让他回答问题。开始他总是摊开手,摇摇头,但随着时间的推移,当他发现我始终微笑着面对他时,开始回答了。哪怕回答并不恰当,我也适当给予肯定和鼓励,这时,一种难以言喻的喜悦就会洋溢在他的脸上。

第三,家校沟通,促进自信。我经常与他的家长沟通,详细分析他在校的表现及原因,共同商量改善孩子心理状况的办法,建议家长改变不当的教育方式,多为孩子提供表现自己的机会,让孩子在家做力所能及的事,不管干什么,都要从中发现进步的地方,马上夸奖他的闪光点,给予肯定,增强他的自信。

就这样,一个学期过去了,他再也不是"问题"学生了。

——摘自一位班主任手记

由此,我想,学生的生命成长必然经由一个不成熟到成熟、由不定型到定型的过程,在这个过程中,学生各方面的可塑性都很强。教育对于学生生命的成长具有多方面的价值和意义,对学生自信心的培养是发展学生能力、促进学生身心健康的基础。心理学家威廉·詹姆斯说:"人性最深切的需求就是渴望别人的欣赏。"因此,在教育教学过程中,教师对学生的鼓励和赏识,能够帮助学生充分认识到自身的价值和潜力,教师能够通过营造奋发向上的氛围，一方面培养学生的学习、生活和发展能力，另一方面帮助学生构筑良好的、积极的心态，使学生强大内心，勇于超越，为其终身发展和幸福奠定坚实的基础。

二、教育催发生命自明

自明，其表层含义是"认识自己、明白自己"，其深层含义包括自我意识的觉醒与提升以及自我价值的审视与确定。首先，自明是对自己生命特点的深刻认知，即知道自己是什么样的人，有什么样的性格和特点，有什么样的兴趣和愿望；其次，自明是对自己生命价值的准确定位，即清楚自己生命存在的意义，自己有什么能力和特长，对他人、对社会的作用有哪些；再次，自明是对自己生命发展的有力把握，即明白适合自己的道路方向和超越目标，明白自己应该选择做什么事，生命能够达到什么样的高度。

"认识你自己！"刻在希腊圣城德尔斐神殿上的这句箴言，常常用来规劝世人，要认识自己真正的价值。因为人只有对自己有了客观全面的了解，对自我的生命价值有了正确的判断和把握，才能根据自己的特点，发挥自己的特长，才能找到自己人生的价值和意义，善待自己，活出精彩，才能选择合适自己的发展道路，促进生命有效提升。

莎士比亚说："人是一件多么了不起的杰作！在理性上多么高贵！有着伟大的力量……宇宙的精华，万物的灵长。"从理论上讲，人应该是自己生命的主角，有力量决定自己的生活，主宰自己的命运。但这仅是指人的日常存在的生命，而要使人从生物学层面的个体生命的拥有者真正转化为文化学层面的"主体角色"，还需要人真正认识和准确把握自我的生命。

老子说："知人者智，自知者明。"这句话说明了自知的重要性，也说明人有可能不能正确认识自己。的确，苏格拉底就说过："世界上最难认识的还是自己，人生最大的误区就是你自己。"人是复杂的、有灵性的、有高等意识的感情动物，人在认识自己的时候，常常受到情绪、心理等感性因素的影响。此外，人是社会的人，人在认识自己、评价自己的时候还会受到外界的诸多因素的干扰，会产生很多误区，因而可能会出现盲目自信、过度自卑、固执自守等现象，这些不仅会影响我们对自己的正确认识，还会阻碍我们自身的发展和完善。

　　柏拉图说："教育，乃是心灵的转向。"人的精神成长始于自我意识的觉醒，自我意识既是生命成长的方法，也是其本质。《礼记·中庸》载："自诚明，谓之性；自明诚，谓之教。"这句话阐明了学习与教育的作用，生命是可以通过教育达到自明状态的。自明就是一个人能够认识到自我的生命价值、主体地位、个体的独特尊严，在生命的成长中自主进行理性选择与淘汰。意识以"自明"特性为核心，人类祖先自我意识的第一次觉醒可以看作"斯芬克斯之谜"。德国的恩格斯·卡西尔在《人论》中说："从人类意识最初萌发之时起，我们就发现一种对生活的内向观察伴随着并补充着那种外向观察。人类的文化越往后发展，这种内向观察就变得越加显著。"教育使生命不断发展、不断超越，进而摆脱混沌，不断提高人们对自身价值的认识，提高人们对个人与自我、个人与他人、个人与自然、个人与社会、个人与人类的关系的认识，让人逐步形成自主发展的人格，拥有丰富的生命内涵，从而使生命达到自明状态。

　　人生最困难的事情是认识自己，而教育正是通过生命对生命的影响，帮助人通达事理、明辨是非，达到自明状态。"宝剑锋从磨砺出，梅花香自苦寒来。"人生路上，条条路充满艰辛坎坷，但生命总是要向前的。生命的发展与提升首先要求人客观、准确地认识自己，用心规划自己的人生。罗曼·罗兰认为："世界上只有一种英雄主义，那就是了解生命而且热爱生命的人。"人生在世，经常面对的不是别人，而是自己，只有认识了自己，了解了生命，才能自我改进、自我提升。我们虽不能决定生命的长度，但可以拓展生命的宽度、丰富生命的内容。我们可以通过学习反思、不断自省、经常内审的方式逐渐提升自我意识，准确把握人生的航向，不断完善和发展自己。教育的意义在于促进生命成长，正是在生命的相互影响中，我们认识生命的意义，探索生命的内涵，激发生命的潜力，使生命逐渐达到自明状态。

三、教育促进生命自觉

自觉，指"自己能感觉得到，自己有所察觉，自己有所认识而主动去做"。自觉，即内在自我发现、外在创新的自我解放意识；是人类在自然进化中通过内外矛盾关系发展而来的基本属性，是人的基本人格；是人一切实践行为的本质规律，表现为对于人自我存在的必然维持、发展。人类维护自我的自觉本质促进其发展是自由的真实实现。

我所理解的生命自觉是基于人的内驱力得到充分激发并持续生成，生命保持自我维持、自我提升和自我超越的一种追求。其最根本的特征是指向使命担当的一种思想自觉，是思想与行为的高度契合。首先，生命自觉的内涵体现为知识意义的发现和建构。法国自然主义小说家和理论家爱弥尔·左拉说："生命的全部意义在于无穷地探索尚未知道的东西。"这是人的生存智慧，也是生命自觉的根本。故而，追求生命自觉，应基于生命的自我维持。其次，生命自觉的内涵体现为人格精神的实现和完善。生命的自我提升主要体现在精神的高度和思想的深度上，生命走向自觉的过程，是人格自我实现、生命自我提升的过程。追求生命自觉，就是自我促进生命质量的提升。最后，生命自觉的内涵体现为生命价值的超越和奉献。生命的自我超越表现为始终将个人的理想信念与国家的发展、民族的兴盛紧密联系在一起，甘于奉献，不懈奋斗。追求生命自觉，就是不忘初心、砥砺前行，通过自我超越促使生命价值不断实现。

教育的本质是对于生命自觉的唤醒，教育的过程实质上就是受教育者发现自我、发展自我和实现自我的生命历程，教育的价值在于通过生命对生命的影响，引领生命走向自觉，促进生命成长。

教育对生命自觉的促进主要体现在以下三个方面。

（一）培养基于生命自我维持的主动学习习惯

根据建构主义学习理论，学习不是知识由教师到学生的简单的转移或传递，而是学生主动地建构自己知识经验的过程，这意味着学习是主动的，不是被动接受信息刺激，而是主动地建构意义。我们知道，维持生命的实质其实就是同自然之间保持物质、能量和信息的交流。自然界是一种自在的形式，而人类则是一种自觉的存在形式。因而，人类需要学习知识、技能，需要通过创造性的劳动从自然界获取必要的物质生活资料和能量来维持自己的生存和发展，生命的自我维持离不开人主动学习的自觉。

（二）提升基于人格自我实现的自觉提升意识

根据马斯洛人格理论，自我实现可定义为"不断实现潜能、智能和天资"，自我实现者具有较强的自主性并富有创造性。自我提升是自我实现的过程和路径，一个追求生命自觉的人善于客观地认识自己、认识他人、认识世界，并时时进行自我反省和改进。《孔子家语·致思》中言："吾有三失，晚而自觉。"自觉是成就自身高尚人格、不断提升生命质量的必不可少的品质和能力。

（三）铸造基于生命价值自我超越的责任担当精神

生命的特性在于超越。一个有价值的生命至少应该达到为人为公的"道德境界"，能够"正其义不谋其利"。而生命价值的超越和奉献源于一个人的理想和追求。雨果曾经说过："人类的心灵需要理想甚于需要物质。"一种理想，就是一种强大的力。生命走向自觉一定是伴随着这种被充分激发并持续生成的内驱力。人的精神生命也是在不断成长的，那些把追求真理和终极价值作为人生意义的人，其内心必然怀有强烈的责任感和担当意识，行动中一定会主动担荷、不断追求，这种有着生命自觉的人才能做到"对生活乐观、对工作愉快、对事业兴奋"。

四、结语

人的内在生命本身具有意识本体与物质本体的矛盾，从哲学意义上说，自觉是一种主体能动的积极的状态，其构成人的内在本质，其基本属性就是有意识地维护、发展自我本体。教育不仅要教给人们知识和技能，而且要培养人的自觉意识。马克思认为："自觉自为的生命是人的基本规定性，是人的最高价值。"自觉意味着对主体价值的肯定。当个体在教育活动中获得一定的自觉意识后，这种意识会深植内心如影随形，或隐或显地影响和支配着个体的行为，使人的生命境界不断提升，生命理想不断丰盈，生命状态走向自觉。

第三章

引领：影响的深视角

生命需要引领，智慧生于点化。在生命场域中，思想是旗帜，价值是方向，贤师是榜样，这是影响生命最深处的不可或缺的精神力量。

引领，意为"引导，带领"，是指"带动事物跟随其朝某一方向运动、发展"。教育是影响人的身心发展的社会实践活动，其意义本身即含有"目的"的意味，引领则体现着影响的深度。教育是一个逐步发现自己无知的过程。美国教育家罗伯特·梅纳德·哈钦斯说："教育的目的在于能让青年人毕生进行自我教育。"教育对生命的影响是指引个体走向积极的、有意义的人生。生命需要生命的引领，需要在精神与道德的照耀下逐步升华。作为影响的一端，教师在教育活动中通过理想的启迪、品德的浸润、情感的渗透等深层次的作用，使学生的心灵得以触动，生命质量得以提升，生命智慧得以生成。

第一节 思想引领

德国诗人海涅说:"思想走在行动之前,就像闪电走在雷鸣之前一样。"朱永新先生认为,没有思想的教育,一定是站不住、走不远的。他曾写过这样的诗句:"教育需要思想的光芒走出经验的泥沼,迎接理性的朝阳。"教育思想是一所学校的灵魂。一所学校的办学是否有内涵、有特色、有品位,关键在于是否有先进的教育思想,以及能否用这种思想引领学校师生朝着共同的目标奋斗。在"教育:生命对生命的影响"教育思想引领下,我们坚持学习研究,叩问教育本质,解读教育意义,挖掘生命内涵,遵循教育规律,明确学校发展方向,确立师生价值追求,探索办学路径,营造文化氛围,构建活动载体,让我们所有的教育教学活动有了理性、理论和理念的支撑。

一、学习提升以理明道

"教育:生命对生命的影响"教育思想的凝练,使我们有如登高望远,开始学会从内心重新审视教育的行为和意义,努力使学校的教育教学活动言之循理、行之依据。当然,任何一种思想的落地都不是一蹴而就的,这是一个坚持学习和逐渐探索的过程,是一个长期浸润、不断提升和丰富发展的过程。

学习是人的思想形成的重要途径。只有通过学习,明确国家政策方针,才能认清现实,立足时代,掌握先进的理论,找准自己的位置,明确自己的方向；只有通过学习，才能懂得尊重生命、敬畏生命、呵护生命，准确把握生命成长的规律，探索促进学生生命成长的有效策略，以促进人的全面发展；只有通过学习，深入理解"教育：生命对生命的影响"的思想内涵，才能更接近教育的本质，才能在教育教学活动中确立目标、开拓路径，真正提升师生的生命质量。

因此，我们坚持思想引领，坚持加强学习，不断积累知识，提升认知，探理思行，明确学校办学之道、生命成长之道、立德树人之道。

（一）明确学校办学之道：特色发展

思想的引领体现在办学方向上。我们引领教师加强政治思想学习，了解国家教育政策，顺应时代要求，找准自身定位，明确普通高中办学之道。

长期以来，我国普通高中教育普遍存在着同质化发展的现象，这种发展方式不利于满足不同潜质学生的发展需要。针对普通高中同质化倾向严重的问题，《国家中长期教育改革和发展规划纲要（2010—2020年）》提出高中阶段教育要"推进培养模式多样化……鼓励普通高中办出特色"。2019年6月，国务院办公厅印发了《关于新时代推进普通高中育人方式改革的指导意见》，指出"普通高中多样化有特色发展的格局基本形成"是新时代推进普通高中育人方式改革的目标。2022年10月，党的二十大指出要"坚持高中阶段学校多样化发展"。

由此可见，"多样化发展""办出特色"是党和国家对普通高中提出的要求，也是促进学生生命成长的现实需要。坚持特色发展，遵于时、合于道。2017年，在经历了稳定与过渡时期和快速发展时期之后，淮滨高中全面进入第三个历史发展时期——特色与创新发展时期。通过实践探索，我们提升了对"学校特色发展"的认识，对其内涵进行了明确界定，即"学校特色发展就是教育思想的全面彰显和教育价值的不断体现"。基于此，我们坚持特色发展，确立自己的培养目标，形成共同的价值追求，构建德智体美劳全面培养体系，开展思想指导下的系统实践，落实立德树人根本任务。

"教育思想的全面彰显"是学校特色发展的内涵之一。其主要体现在以下三个方面：一是凝练教育思想。在长期的办学实践中凝练出的思想，是一所学校的灵魂，是师生教育价值观形成的基础。"教育：生命对生命的影响"思想界定了教育的本体是"生命"，教育的形式是"影响"，教育的目的是"生命成长"，那么，我们的一切教育教学活动就会立足生命，指向成长。二是确立学校培养目标。基于"教育：生命对生命的影响"教育思想，学校教育的意义是促进生命质量不断提升，因此，淮滨高中的培养目标是"培养具有生活幸福品质、生命精彩能力、使命担当精神的德智体美劳全面发展的社会主义建设者和接班人"。三是形成思想指导下的系统实践。思想最终要落实在具体实践中，为此，淮滨高中构建了集"文化建设、学校课程、课堂教学、教师发展、学生活动、学校治理"于一体的实践体系，丰富生命影响的活动，拓展生命影响的途径，提升生命影响的成效。

教育的主体是生命，影响是教育的实现途径。作为一种教育存在形式，学校的意义就在于：形成生命成长的舞台、生命温暖的港湾、文化精神的传承地，成为厚载每个生命的故事书。"教育：生命对生命的影响"教育思想通过引领学校的办学思路和宏观走向，确立了学校的发展基调，对学校的发展目标提出了新的要求，引领学校向特色与创新发展阶段迈进。

在"教育：生命对生命的影响"思想引领下，我们重构了教育观、学校观、教学观、发展观，对学校教育教学的各个层面进行深入追问和探索，不断提升学校的办学品位，淮滨高中焕发出了新的活力，展现出了新的面貌。

（二）明确生命成长之道：全面发展

思想的引领体现在教育理念上。我们引领教师加强教育理论学习，拓宽知识视野，更新教育理念，丰富教学理论，把握生命成长规律，明确生命成长之道。

教育是国之大计、党之大计。培养什么人，是教育的首要问题。教育教学改革的目的是提高人才培养质量。人才培养质量关乎教育的价值，影响教育的走向，而制定合适的人才培养目标是提高人才培养质量的基础。可见，学校的培养目标不仅影响着个体发展，也影响着国家和民族的未来。

基于"教育：生命对生命的影响"教育思想引领，我们势必转变教育理念，关注学生生命的成长，为学生的终身幸福和发展而努力，让我们的教育不仅教会学生知识，还要培养学生优秀的能力和品质，发掘学生的潜能，激发学生的生命力，提高学生的生活能力、学习能力和发展能力，提升学生的生命价值，使学生能够自觉承担起对自己、对家庭、对社会、对国家的使命和责任。

我们立足学生的生命成长，站在为学生、为社会、为国家负责的高度，明确了学校的培养目标——"培养具有生活幸福品质、生命精彩能力、使命担当精神的德智体美劳全面发展的社会主义建设者和接班人"，开展思想指导下的系统实践，办学特色逐步彰显，师生生命茁壮成长。

（三）明确立德树人之道：生命影响

思想的引领体现在价值追求上。我们引领教师深刻领悟"教育：生命对生命的影响"思想内涵，将其内化于育人者的意识深处。坚定价值追求，提升对自身所从事的教育活动的理解和认知，使自己能够在教育教学中权衡利弊、反思得失，明确立德树人之道。

落实立德树人根本任务，为党育人，为国育才，这就要求我们在学校教育教学中不仅要传授知识、培养能力，还要把社会主义核心价值观融入其中，引导学生树立正确的世界观、人生观和价值观。在落实立德树人根本任务时，我们需要深入思考：学校教育要"教"什么？"育"什么？如何"教"？如何"育"？"教育：生命对生命的影响"教育思想的凝练，使我们明确了教育不是生硬地灌输，尤其是思想、信念、品德、价值观等内在的品质和素养的培养，只能通过言传身教，浸润感染，启迪点化，以及心灵对心灵的触动、生命对生命的影响来达成。

新时代对广大教师提出新的、更高的要求，我们只有充分认识到教育的本质，才能始终坚持教书与育人相统一。我们通过理论的学习、理念的确立、思想的引领，促进教师结合自己的教育教学实践，把思想融入具体的班级管理、学科教学、活动开展等工作中，使"教育：生命对生命的影响"教育思想逐步内化于心、外显于行。

随着"教育：生命对生命的影响"教育思想的影响不断深入，我们欣喜地感觉到淮滨高中在不断发生着变化，这种变化既是内在的变化——体现在理念的更新上，又是外在的变化——体现在办学特色的彰显和师生气质的升华上。"教育：生命对生命的影响"教育思想逐渐全面渗透，其对学校工作的全面引领也愈见成效，这些都为学校第三个历史时期——特色与创新发展起到了奠基和促进的作用。

二、营造氛围以文化人

著名哲学家金岳霖先生曾指出："每一文化都有它的中坚思想，每一中坚思想都有它最崇高的概念、最基本的原动力。"我始终认为，学校与学校的区别和差距，归根到底是文化的区别和差距；学校的核心竞争力，最终体现在学校文化上。

"教育贵于熏习，风气赖于浸染。"教育家郭秉文的这句话点出了环境对于人身心发展的重要性。发挥思想的引领作用需要依赖合适的土壤与氛围，那就是浸润生命成长的文化。文化对于提升人的精神境界、孕育和启迪智慧、促进人的全面发展具有重要的作用。一方水土养一方人，人的成长与发展离不开其所处的环境和文化的熏陶。文化在一定程度上影响着人的世界观、人生观和价值观，也影响着人的认知、思维和行动，对人具有潜移默化、深远持久的影响。

学校文化是学校全体成员习得且共同具有的思想观念和行为方式，是学校发展过程中形成和积淀的师生认同的群体价值观和核心理念。从外部来看，一所学校在完成了硬件设施的主要建设任务后，就有可能、有必要从外部建设转向内部建设，从外延发展走向内涵发展，在不断变化的环境中提高自主生存和发展的能力。因此，以学校文化这样一种全面涵盖学校内涵的方式为抓手，推进学校的自主发展已成必然。从内部来看，当办学思想引领教育教学活动回归到培养对象，即教育的本体——"生命"，教育教学的过程聚焦于"生命对生命的影响"时，学校的课程教学改革必然会向纵深推进，由此会引发诸多冲突和矛盾，其实质就是"新旧文化"的冲突。因而，学校要建设一种以师生生命发展为根本指向的新文化。此外，课程改革在制度层面也不断推进现代学校制度的建立，这也催生着学校新文化建设的内在需要和自觉意识。

因此，我们认识到，要不断加强指向生命丰富与提升的学校文化建设，积极营造文化氛围，站在使命的高度定位学校文化，以丰富的意义彰显学校文化，用学校文化引领学校发展和师生成长，以德润身，以文化人。

近年来，淮滨高中结合地域特点，在承继学校传统文化的基础上，以"教育：生命对生命的影响"思想为引领，从物质文化、精神文化、制度文化、行为文化、网络文化等方面入手，大力加强学校特色文化建设，凝练文化主题，丰富文化内涵，通过文化熏陶，形成师生共同价值追求，铸造学校精神，为师生生命的成长与丰盈提供理想的栖居地。

（一）凝练学校文化主题

特色文化是一所学校精神风貌的集中反映，包含着学校所有成员的共同价值追求和共同愿景，体现着学校的团队凝聚力和团队精神。概括学校文化精髓，凝练学校文化主题，有助于彰显学校文化特色，引领师生深入领会学校文化精神内涵，并将其全面渗透到自己的工作和学习当中。

文化主题的凝练必须全面把握学校文化的内涵、特色，提取内核，准确表述。淮滨高中学校文化特色可用一个"润"字来表达。润，本义是雨水下流，滋润万物，在此有"浸润、滋润、潜润"之意，引申为"默默化育，渐渐渗入，深深沾惠"。

学校"润"文化的形成源于以下三个因素。

1. 与地理、人文环境的契合

淮滨县地处北亚热带与暖温带气候过渡地带，雨热同季，葱蔚洇润，气候湿润，万物丰茂。淮河干流自西向东穿境而过，数条支流至境内汇入淮河。千百年来，蜿蜒东去的淮河滋润着这片沃土，丰富的光热资源滋养着一代代家乡人；淮滨县系楚国故里，历史悠久，名人辈出，悠久的文化传统，不朽的精神功勋，滋养着一代代淮高学子。淮滨高中占地三百多亩，建筑面积二十多万平方米，结合地理、人文环境特点，所选择的徽派建筑风格与淮滨地域的水文化特征相契合，充分体现了"润"的自然风貌。

2. 对学校传统文化的传承

学校特色文化的形成离不开学校的历史积淀。建校以来，淮滨高中本着"以人为本、和谐发展"的办学理念，以"求德、求知、求真理，为民、为国、为天下"为校训，坚持"育人为本，改革立校，开放办校，科研兴校，民主治校，文化厚校，发展强校"的办学思路，坚定地走内涵发展之路，以学校文化引领学校发展和师生成长，形成了"上下求索，学以致用"的淮高精神和"勤奋、进取、求实、创新"的良好校风。淮滨高中以"润"为主题的特色文化的形成正是基于对学校传统文化的传承和发展，集中凸显了一代代淮高人的仁爱、奉献、坚守，如春风化雨，润物无声，从行为上解读了"润"的深刻含义。

3. 基于学校办学思想的引领

淮滨高中"教育：生命对生命的影响"的办学思想倡导教师在教育教学中不能生硬地灌输，而是要通过引领、熏陶，用生命去影响生命，通过精神、信念、意志、情感等的浸染，使生命变得丰富、变得精彩。基于"教育：生命对生命的影响"教育思想引领，全体教师在深入理解教育本质的基础上，形成共同的价值追求，把教育当成一种生命成长过程的浸润，追求生命成长的水到渠成，"润"之特色正是这种理念的体现。

淮滨高中以"润"为主题的特色文化全面涵盖了以"促进生命成长的价值追求、生命影响生命的教育理念、潜移默化润物无声的教学艺术"等为主体的学校文化内涵，成为引领师生成长、学校发展的重要精神力量。

（二）融入学校办学思想

有一种教育叫作润物细无声。有一种说法值得思考：如果孩子意识到你是在教育他，这种教育就是失败的。

淮滨高中"教育：生命对生命的影响"教育思想的落实正是以学校文化建设为抓手，提升学校文化品位，围绕"教育强校、文化厚校"的目标，将"学、善、美"浸润到师生的生命中，从而在潜移默化中促进生命的成长。

1. 润"学"

青年人正处于学习的黄金时期，应该把学习作为首要任务，作为一种责任、一种精神追求、一种生活方式，树立梦想从学习开始、事业靠本领成就的观念，让勤奋学习成为青春远航的动力，让增长本领成为青春搏击的能量。

——2013年5月4日，习近平总书记在同各界优秀青年代表座谈时的讲话

学习作为一种获取知识和交流情感的方式，已经成为人们日常生活中不可或缺的一项重要内容，当然，更是学生的天职。但是在实际的学习中，学生往往意识不到学习的重要性，不能理解"学习的痛苦是暂时的，不学习的痛苦是终身的"。所以，我们需要不断激发学生的学习动机，引导学生乐学、善学。

为了培养和激发学生的学习兴趣，真正达到润"学"，我们主要从三个方面着手：一是进行目的性教育。墨子说"志不强者，智不达"，意思是说没有坚强的意志和远大的理想抱负，就不可能有较高的学习积极性。因此，我们通过激励让学生明确学习的目的。二是强调学习的内在价值。在当前的社会背景下，很多人学习功利性太强，"读书无用论"也时不时泛起。我们教育学生摒弃这种功利性，让学生明确学习和知识的内在价值。三是及时反馈和适当评价。美国心理学家罗斯和亨利的实验表明，学习的及时反馈对于强化学生的学习动机、提高学习能力具有促进作用，而

且反馈得越及时越好。

思想决定行为，行为决定习惯。淮滨高中"教育：生命对生命的影响"教育思想引领下的教育教学活动，注重生命之间的相互影响和浸润。在日常教育教学中，教师不断锤炼自己潜移默化、润物无声的教学艺术，使学生能够心无旁骛地学习，激发学生潜能，助力学生走向生命的自信、自明、自觉。

2. 润"善"

善良的行为有一种好处，就是使人的灵魂变得高尚了，并且使它可以做出更美好的行为。

——卢梭

所谓"善"，就是心存仁爱，品质淳厚，就是好的行为、品质。"善心如水。"《道德经》有言："水善利万物而不争，处众人之所恶，故几于道。"五千多年来，"人心向善"早已渗入每一个中国人的血脉灵魂。将"善"浸润到师生的生命中，是学校德育的重要内容。

淮滨高中以班会课的形式所落实的德育活动实现了常态化、课程化，还通过各种各样的主题活动，如图书义卖、志愿者服务、凡人善举，把"善"的观念融入日常的每一件小事，如每天自我勉励日行一善，每天对亲人说一句感恩的话，每天给同学一个善意的微笑，每天进行一次深刻的自我反省……总之，从小事做起，以体验式教育鼓励学生向善、行善，做个品德高尚的人。

我们的教育从尊重生命开始，唤起自身美好的"善根"，使人性向善，使人胸襟开阔。"随风潜入夜，润物细无声。"教育虽无痕，却有着惊人的力量；润物虽无声，但能"于无声处听惊雷"。

3. 润"美"

知识、道德，在人世间固然必要，然倘若缺乏艺术的生活，纯粹的知识与道德全是枯燥的法则的纲。这纲愈加繁多，人生愈加狭隘。倘能因艺术的修养，而得到了梦见这美丽世界的眼睛，我们所见的世界，就处处美丽，我们的生活就处处滋润了。

——丰子恺

我一直认为，教育除了要提升学生知识水平和道德水平外，还要在此过程中渗透美——引导学生发现美、感受美、欣赏美、创造美，这种美正是"生活幸福品质、生命精彩能力、使命担当精神"的重要组成部分。在此理念指导下，学校重在对环境美、认知美、活动美、艺术美、氛围美进行探索，用艺术去滋养、丰富生命。润"学"是对知识与能力的追求，润"善"是对真与善、智与德的追求，润"美"则是对健康与幸福的追求。我们的教育不仅要使学生学会崇尚美、欣赏美，更要使其体验到世界的美好，创造出自己灿烂美好的人生。

对学校而言，美的教育是碎裂学科的黏合剂，是倦怠时刻的兴奋剂，美的发掘与传递能使学校生活张弛有度、充满活力。有科学研究显示，在充分的艺术教育与其他学科成绩测验之间，存在着稳定的正相关关系。因此，我们通过引导学生欣赏艺术作品中不同语言的运用，帮助其提高审美品位；通过精心设计课程教学，让课堂充满活力与魅力，提升学生对美的感受能力；通过开设音乐、美术、舞蹈等艺术课程，开展社团活动，举办文化艺术节等方式，唤醒学生对美的追求。淮滨高中艺术教育的存在，把教育生活连缀为一个和谐的整体，让学生的学习生活变得更加轻松、美好，让生命在高强度的学习过程中，不再那么紧张与焦虑，而仍然拥有从容与优雅。

用心，坚持，付出，收获！我们用生命化、生活化的教育理念和学校文化去熏陶学生，让学生拥有发现美的眼睛，拥有感受美的心灵，拥有欣赏美的品质，拥有创造美的能力，从而让他们的世界充满魅力、充满生机，让他们能够以美好的姿态生活于天地间。

有一个孩子，每天向前走去，他看见最初的东西，他就变成那东西，那东西就变成他的一部分。

——惠特曼

所以，我们的教育就是这样，通过生命对生命的影响，把"学、善、美"浸润到学生的生命中去，让他们和旅途上遇见的一切风景交集、融合，直到最后，自己也变成了风景。

（三）构建特色文化体系

一直以来，我们着眼于师生生命的丰富与提升，在学校特色文化建设上从未停止过努力，尤其是在2009年新校区实现整体搬迁后，因适应于学校发展规模，教师队伍不断扩大，学校以精神文化建设为重点，凝聚师生的共同价值追求，努力完善物质文化建设，使之全面契合学校面貌一新的徽派建筑风格；逐步推进管理运行机制创新，加强学校制度文化和行为文化建设。自进入特色与创新发展时期以来，学校基于"教育：生命对生命的影响"教育思想，全面构建学校特色文化体系。

在"教育：生命对生命的影响"办学思想的指导下，学校构建了以"润"为核心（润"学"、润"善"、润"美"）、以五类文化（精神文化、物质文化、制度文化、行为文化、网络文化）为主体的学校特色文化体系。

一是立足学校实际，把社会主义核心价值观与学校的传统特色、文化底蕴、办学理念相融合，通过铸就新时代的校园精神文化，引领校园文化建设，营造具有时代特征和学校特色的精神文化氛围。

二是根据学校特点、传统和培养目标，把社会主义核心价值观融入校园物质文化建设，形成了一批各具特色的校园物质文化建设成果。

三是根据学校发展需要，制定相关规章制度，构建制度保障体系，创建良好制度文化，不断加大依法治校制度建设的力度。

四是深入挖掘历史传统，依托学科专业优势，基于学生需求、社会需求，开展丰富多彩、健康向上的校园文化活动与社会实践活动，注重活动的熏陶，探索多种多样、卓有成效的校园行为文化建设新方法、新形式和新举措。

五是依托学校门户网站、特色主题网站、微信平台、校内网络服务平台等不同形式与载体,积极探索新媒体条件下网络文化建设途径,打造富有特色的"第三课堂"育人平台。

学校特色文化是一所学校特定的精神环境和文化氛围,综合体现着学校师生的精神风貌、思维方式、价值取向和行为规范。我们立足办学特色,深入挖掘学校文化内在因子和核心思想,凝练文化主题,使集"社会主义核心价值观""教育思想""学校精神""办学理念"于一体的学校文化特色显性化。我们通过构建学校特色文化体系,开展特色文化活动,大力推进特色文化建设,营造优良文化环境,提升文化育人感染力,强化思想铸魂引领力。

三、依托载体以身践行

在长期办学实践基础上,我们立足学生成长,满怀对生命的尊重、珍爱,以师者的高度责任感凝练出"教育:生命对生命的影响"这一教育思想。同时,我们意识到,从教育实践中凝练出来的思想理应指导着具体的实践,而发挥"教育:生命对生命的影响"思想引领作用,不能只靠机械的口号、要求,而是需要构建载体,创新方法,将其贯穿于师生教育教学活动中的方方面面,要在具体的活动中融入理论学习,不断加深对教育思想的理解,丰富教育思想的内涵;要通过加强队伍建设,发挥团队引领功能;要不断探索,创新思路方法。总之,学校应强化理论联系实际,在实践中反思,在反思中提升,以此来拓展思想引领的深度与广度。

(一)开展主题学习活动:提升思想认识

2019年2月,中共中央、国务院印发了《中国教育现代化2035》,其在指导思想中提到要"大力推进教育理念、体系、制度、内容、方法和治理现代化",而早在2016年1月,中国教育学会名誉会长顾明远先生就在《人民日报》发文,提出"教育的观念现代化是教育现代化的灵魂",认为"教育观念首先表现为对教育本质、教育价值的认识"。

我认为,教育现代化就是以现代信息社会为基础,以先进教育观念为指导，运用先进信息技术促进教育变革的过程。我国教育现代化的过程，就是按照"教育要面向现代化，面向世界，面向未来"的要求，通过教育改革和体制创新，由传统教育向现代教育转变的过程。教育现代化内涵十分丰富，包括观念、制度、内容、方法等多个层面，其灵魂是教育观念的现代化。

——顾明远《教育观念现代化是教育现代化的灵魂》（《人民日报2016年1月31日第5版》）

学校是文化知识和人类文明传承的集中场所，是精神闪亮的高地，是思想涌现的宝库。与教育技术、装备和条件的现代化相比，教育思想的现代化才是教育现代化的本质特征。思想升华理念，理念引领行动，行动改变世界。一所学校只有有了自己深厚的文化和系统的思想，确立了先进的教育理念，形成了独特的文化基础，才能全面落实立德树人，也才能在人才培养方面思之有方、行之有效。

我一向认为，教育者的思想直接决定着其具体的教育行为。只有领悟了学生是"生命"的存在，教育是一种深层次"生命影响"的活动，教师才会由衷地关心学生的生命，才能选择适合学生成长的教育教学方法。为促进教师不断学习、提升思想、主动发展，我们开展主题学习活动，引领教师广泛阅读，深入思考，充分交流，理解"教育：生命对生命的影响"的思想内涵，帮助教师进一步认识教育教学工作的意义，了解、掌握先进的教学理念。

常态化的主题学习活动大大提升了教师的思想理论水平，使教师形成了统一的价值追求，增强了认识、判断和反思教育教学的能力。人的思想总是在不断地丰富和发展的，主题研讨活动为教师搭建了学习与研讨、交流与创新的平台，有助于教师深化认识，坚定信念，达成共识，领悟教育的价值，理解教育的本质，更重要的是，"看"到了生命的存在。

我一直认为，一个优秀的教师必定会对教育有自己的理解，对教学有自己的主张，对事业有自己的坚持，对生命有自己的担当。我们一直鼓励教师不做"教书匠",要做"思想型"教师,学校有自己的办学思想,教师要有自己的教学思想。

人的思想源于对事物的理性认识。"学而不思则罔,思而不学则殆",学习与思考影响着人的思想的形成。朱永新在《我的教育理想》一书中说:"一个没有系统接受人类历史上教育思想财富的人,他不可能有远大的教育理想。思想这个东西不是凭空而来的,就像生产,要有原材料进行加工。"正是通过不断学习,我们才能与更多的贤哲对话,把更多的"拿来"内化为自身的一部分;只有通过不断思考,我们才能透过现象看到事物的本质,才能在看似重复的教育教学活动中看到创新、变化、生长,才能每天都有新发现,每天都有新领悟,每天都有新收获,每天都有新快乐。

(二)实施分布式领导:强化队伍建设

强化教育思想的引领,需要加强学校的团队建设,统一思想,凝聚人心。基于"教育:生命对生命的影响"教育思想,我们积极创建自主、和谐的管理文化,实施分布式领导,树立共同的目标,加强人与人之间的沟通,在浸润与影响中,促进师生主动将思想理念转化为自己的日常行为。

1. 构建管理共同体,引导生命融合

分布式领导的要义不在于"角色"和"权力"的分布,而在于"影响"的分布。学校管理是在"领导者""追随者"和学校教育的"具体情境"的互动中实现的,三者相互作用与影响,随着时间推移以及互动的深入而发生变化。在"教育:生命对生命的影响"教育思想的引领下,在学校管理中,通过与全体师生的互动激发出彼此潜在的首创精神,发挥各自的专业特长,学校领导者成为一个创造的整体,相互协调、相互启迪,形成"管理共同体",实现生命与生命的融合,进而达成各项管理目标。

2. 完善管理机制,铸造合作精神

淮滨高中按照年级工作年级主任负责制、处室工作处室主任负责制、工作计划与经费预算对应制、工作绩效与经费决算对应制等,实行处室与年级并存的管理运行机制。在学校具体管理中，一方面，我们寻找亮点、树立榜样，用精神与人格相互影响与感染；另一方面，我们着力于团队建设，铸造团结奋进、竞争合作的团队精神，形成了"管理共振圈"。

3. 实施多元评价，促进生命自省

评价在教育教学中具有引导、管理和激励的作用，也是推动生命发展的不竭动力。在"教育：生命对生命的影响"教育思想引领下，我们立足学校特色与创新发展实际，通过研究分析师生生命成长与发展的根本需求，构建基于全面发展的评价体系，逐步建立和不断完善学校多元评价机制，对文化建设、课程构建、课堂教学、学科建设、教师发展、学生成长等进行评价，实现学校、学生、教师、家长、社会等多渠道评价，采取自我评价、他人评价、专项评价、综合评价等多种方式，在充满对人的生命关怀与尊重的评价过程中，促进生命自省。

（三）注重实践与反思：促进知行合一

"知者行之始，行者知之成。"发挥"教育：生命对生命的影响"思想的引领作用，关键在于指导和推进我们的教育教学实践。托之空言，不如见之实行。习近平总书记多次强调，"空谈误国，实干兴邦""道不可坐论，德不能空谈。于实处用力，在知行合一上下功夫"。由此可见，只有理论和实践结合在一起，思想和行动保持一致，我们的思想引领才能够落到实处。

为将思想理论学习与教育教学实践紧密结合起来，进一步提升思想认识，提高工作效益，学校一方面开展基于"教育：生命对生命的影响"思想的教育实践研究，另一方面引领教师将思想融入具体的学科教学活动。

教育以影响人的发展为直接目的，教育活动包含教育者、被教育者和教育的内容，它们之间存在着复杂的内在联系。因此，发现新情况，总结新经验，探索教育规律，提升教育教学效果，都离不开深入系统的教育研究活动。教师不仅是一个教育实践者，还应是一个教育研究者。教师只有深入研究学生、教学过程及教育方法、教育策略等，才能从浅表走向深刻，从感性走向理性，从实践上升到理论。

因此，我们从不同层面、不同角度开展"教育：生命对生命的影响"教育思想研究，以此来深化师生对学校教育活动的认识，创新教育教学理论，实现思想理论的与时俱进，从而强化思想的引领。

我们立足"教育：生命对生命的影响"的教育思想，以教育教学领域中产生的现象、出现的问题为对象，采取专题研究、校本课题研究、微课题研究等方式，开展教科研活动，以增强教师专业发展的科学性、正确性、理论性。这种以自主学习、专家引领和同伴协作相结合的方式所开展的教育教学研究，为教师的行为、态度、观察、信念、理解提供了理论支撑。"教育：生命对生命的影响"思想的确立，使得教师的教学活动不再仅停留在知识的授受与能力的培养层面，而是深入生命内核，促进教师理性对待教育现象，科学设计教学活动。

通过教育教学研究，教师对待事业的态度、自身的教学行为以及对教育的本质认知等都在发生变化。"生命"观念的介入，"生命"意识的增强，也进一步提升了教师自我了解、自我定向和自我设计的能力，使教师的思想认识不断深化，职业价值更加坚定，教学能力持续增强，在师生的生命互动中不断实现自身的成长。

同时，基于"课堂教学是生命与生命的对话"的教学理念，我们的教育教学追求师生平等对话、充分交流，在生成性课堂中形成一个个生命共同体，他们彼此融合、不断丰富。

基于"教育：生命对生命的影响"思想引领，教育教学不再是冷冰冰的分数和成绩，而是一颗心触动另一颗心，是一份爱唤醒另一份爱，是一个生命融入另一个生命。

第二节 价值引领

马克思认为:"价值这个普遍的概念是从人们对待满足他们需要的外界物的关系中产生的。"据此,我们把"价值"界定为客体的属性满足主体需要的一种关系,是客体对于主体效用和意义的一种表达。而"观念"是对某类事物的根本认识。价值观是关于价值的观念,是对事物价值的一般的、根本的看法,它指向于一类事物,是对一类事物本质的总认识。价值观渗透在人的行为活动和生活中,回答"为什么做"的意义和价值问题,引导人的行为方向和行为方式。因此,我认为,对生命的引领离不开价值引领。

作为中西部一所大规模的县域高中,面对教育改革浪潮的来袭,面对学生、家长和社会对学校的期待,淮滨高中在实现教育现代化和特色发展的道路上历经艰难,苦苦探索,在每一个关键时刻都需要抉择和坚守。自新校区整体搬迁以来,学校实现了发展的四大根本转变:从规模发展转向质量发展,从粗放发展转向精细发展,从同质发展转向特色发展,从模仿发展转向创新发展。在学校全面进入第三个历史发展时期——特色与创新发展时期之后,我们深刻意识到,在继续坚守我们教育初心的同时,还要乘势而为,砥砺前行。

我们深知,在当前的教育环境下,没有高考过不好今天。试问:一个没有今天的人如何思考明天?但我们更加明白,仅有"今天"也是不够的,毕竟教育是面向未来的事业。因此,我们既要展望美好的"明天",

又必须把"今天"过好,过得精彩,让每一个鲜活的生命在淮滨高中的校园里绽放最美的华彩。

教育是一项基于生命存在,直达生命发展与实现,并以提高生命价值与意义为目的的神圣事业。正如爱因斯坦所言,走出校门,学生把在校所学全部忘却之后所剩下的东西才是教育。我们想要达到的目标就是基于"教育:生命对生命的影响"教育思想,努力构筑师生共同成长的生命场域,不忘教育初心,践行我们共同的价值追求——"为生活幸福奠基,为生命精彩引航,为使命担当铸魂",致力于培养学生的思辨品质、思维方式和思想方法,注重提升学生的生活能力、学习能力和发展能力,努力让学生拥有善良的人性、旺盛的生命和高贵的灵魂,让生命在价值引领下得以启示和点悟,获得成长与提升,让从这里走出去的每一位学子都充满生命的活力,焕发着精神的光芒。

一、为生活幸福奠基

人的生命有三个维度:长度、宽度、高度。现在的教育更多的是教会学生了解知识、掌握技能,提高生存的能力,以延伸生命的长度,而在真正帮助人拓展生命的宽度和提升生命的高度方面还远远不够。俞敏洪说:"成长远比成功更重要,培养孩子如同种树,只有先在根上滋养他,然后以品德之养分来灌溉,孩子才能长得枝叶繁茂,离阳光更近一些。"一切有温度的教育都会关注人的生活状态,因此,我们的学校教育要让学生体验幸福的课堂,享受幸福的教育,提升学生感知幸福的能力,培养学生生活幸福所必备的品质。

我眼里的"淮高风采"

——首届体育艺术科技节有感

11月2日夜晚,我们学校首届体育艺术科技节晚会正式开始。精彩的师生大合唱、舞蹈、小品、流行歌曲串烧,哈哈,我们淮高果然是人才辈出啊,真让我大开眼界。晚会结束之后,虽然天色较暗,但是全校师生井然有序地离开了场地，并将垃圾带走，绿色的草坪上恢复了安静和整洁，无声地展现着淮高人的文明素养。

11月3日，比赛继续如火如荼地进行着。平时在课堂上温文尔雅的老师们也英姿飒爽地穿梭在田径场上，最让我震撼的是1500米的长跑，踏上赛道是一种选择，离开起点是一种勇气，很多选手跑出了令人怀疑人生的速度。他们代表着一种精神，一种坚韧不拔的精神，一种顽强拼搏、勇争上游的精神。

我看到，作为一名淮高人，不论是学生还是老师，无论是参赛人员还是非参赛人员，无论是服务者还是接受服务者，他们身上都折射出一种美——淮高的美。

——摘自校园活动学生感想

我们关注人的未来，首先着眼于为其生活幸福奠基，即帮助和促进人的精神的完满发展，促进心灵的丰盈和健全。面对生命的未来，我们注重培育学生良好的思辨品质，提升学生的生活能力，引导学生学会感恩、感动和感悟，让学生拥有善良的人性。

光影斑斓　邂逅美好

四年前，和很多同学一样，我怀着对未来的憧憬和对理想的渴望进入了淮滨高中。初入淮高这个园子，我置身于恢宏大气的一系列徽派建筑中，看到学校气势雄伟的塔楼上"河南省淮滨高级中学"的校名金光闪闪，看到"教育：生命对生命的影响"的标语。对于当时略显青涩不太成熟的我而言，这一思想还很深奥，但是在后来的学习过程中，我逐渐了解到、感受到这一思想的含义。

这一年，我了解到淮滨高中的芷默摄影社团，并选择加入了这个温暖的大家庭。在这里，我时常在课余或周末和一些兴趣相投的同学参与一些拍摄活动，在指导老师的耐心辅导下，在与社团成员一起交流探索中，通过一次次的实践，我学会了如何操作单反相机，学会了如何构图，学会了如何运用光线，学会了许多专业的基础知识，让我的爱好与理想似乎都随之更进一步。在紧张有序的学习中，这对我来说无疑是一种心理减压，在爱好与学习中找到微妙的平衡，充实而快乐，幸福而满足。

春去秋来，三年的高中时光很快就过去了，不忘初心，不负梦想，我现在如愿以偿，学习着自己心仪的专业——新闻学。

从初中的兴趣萌发，到高中时候的为梦启航、奠基，再到大学时的专业学习，一路走来，我很庆幸我选择了摄影。

未来的我还会继续努力，发展自己的爱好，努力提升自己的摄影水平，磨炼自己的技术。岁月更替，在光与影的交错里，演绎一场与时光的邂逅，而我最美好的邂逅就是在自己的青葱岁月里遇见了淮滨高中，遇见了芷默。感谢这里的每一位师生在我青春的岁月里给我以生命的影响，让我在高中三年的社团活动中过着幸福充实而又贴近理想的生活。最后衷心祝愿芷默摄影社团茁壮成长，祝福母校淮滨高中明天更美好！

——淮滨高中2019届毕业生

实现人的全面发展是教育追求的理想境界。真正好的教育能改变人的精神面貌、风度气质。这是看得见摸得着的。当然，"检测"的方式不是考试，而是生活；不是用分数，而是用心灵。好的教育会让学生在离开学校之后，虽然可能会忘记书本上的知识，但是会留下对生活的热爱、对未知的探索、对人的善良和对世界的真爱。

淮滨高中"为幸福生活奠基"的价值引领让学校教育目标更加明确，让师生的生命发展指向更加具体，让走出校门的每一个学子不论处于何种境地，不仅葆有一颗感恩之心，懂得珍惜和享受生命的馈赠，而且拥有创造幸福生活的能力，能够把握自己的幸福人生。

二、为生命精彩引航

张闻天说过："生命如流水，只有在他的急流与奔向前去的时候，才美丽，才有意义。"现代教育思想所具有的前瞻性，决定了其必定促进生命"奔向前"。教育对生命最重要的影响就是能够促进学生全面发展、充分发展，要让每个学生在接受有质量的教育之后，生命变得更美好、更精彩。教师要引领学生点亮心中的灯塔，帮助学生找到未来那个独特的、美好的自己。因此，我们所从事的是塑造灵魂、丰盈生命的工作，影响深远，意义非凡。

顾明远先生说："教书育人在细微处，学生成长在活动中。"雅斯贝尔斯也说："将教育仅仅停留在知识的传授上，这种教育是没有灵魂的。"我们应该让学生成长于活动中，让他们在最美的年龄成为最好的自己。学校定期开展的体育艺术科技节活动内容丰富，除了文艺会演和田径比赛之外，还有班歌合唱大赛、健美操大赛、拔河比赛、球类友谊联赛、书画展、理化生趣味实验、创客科技创新成果展示等。学生可以自由选择自己感兴趣的项目，利用课余时间准备和练习。兴趣是最好的老师，在参与活动的过程中，他们对自己、对他人有了更深、更全面的认识，学会与他人合作与沟通，在积极探索创新并努力把一件事情做好、做更好之后，他们体验到了成功的喜悦和成长的骄傲。

"青春飞扬，梦想远航，你经历过的一切，都会成为你往后人生里的光。"

"青春飞扬，梦想远航，以青春为名的人生，就应该像运动场上的健儿们一样去奋力拼搏，做一个了不起的追梦者。"

"青春是一场不能回头的旅行，正如百米冲刺的运动员一样，枪声一响，只能一往无前地去冲，不能有丝毫怠慢。青春道路的每一步，无论是对是错，都是成长，都是收获。一年一度的运动会，极大地丰富了同学们的校园生活，许多同学挑战了自我，尝试了许多的第一次。虽然或多或少有些紧张，但是挑战成功带来的愉悦感是任何快乐都取代不了的，我们的内心逐渐地变得强大起来。"

——摘自校运动会学生感想

尼采曾说："每一个不曾起舞的日子，都是对生命的辜负。"青春本该这样，肆意飞扬，可爱奔放。在赛场上，在舞台上，在实验室里，在创客空间，只要给学生搭建一个平台，他们的激情和智慧就会奔腾起来，如兰花吐蕊，如骄阳初升。

知识和意义在自我建构中生成，在生命对生命的影响过程中，我们用激情点燃激情，用智慧启发智慧，用活动促进成长，努力提升学生的学习力。

我眼里的体育艺术科技节

镜头一：

淮滨高中体育艺术节科技节，这大概是我经历过的最盛大的一次校园活动，让我充满惊喜，无比震撼！你看，开幕式上的我们，步伐整齐划一，英姿飒爽，真是"恰同学少年，风华正茂"；你听，那响亮押韵的口号，是我们为青春写下的战书，是我们坚定的意志。枪声响起的那一刻，我们看到了那拉满弓的箭射出那一瞬。许多天的刻苦练习，只为这一刻骄傲地绽放。那淋漓的汗水，是我们为青春涂上的一抹别样的色彩，那竭尽全力的呐喊声，是我们对青春的另一种诠释。

镜头二：

繁星点点，夜幕降临，舞台的聚光灯亮起，结束了一天的奔跑，同学们吃过晚饭来到操场上，文艺会演马上开始，同学们的激情再次被点燃。一曲曲铿锵有力的红歌，一支支优美动人的舞蹈，尽展淮高师生的风采与才华。当然，最令人震撼的还是压轴节目——万人大合唱《歌唱祖国》。"如果你觉得生活美好无比，那一定是有人在为你负重前行。"我亲爱的祖国，与你相比，我如此渺小，但是我相信只要活在世上就是有意义、有使命的。古人说："有志人立长志，无志人常立志。"我要做一个有志者，为自己的理想奋斗，希望自己的人生可以为祖国锦上添花。

镜头三：

创新引领未来，科技推动进步。创客教育是我们学校的一大特色，这次科技节上创客团队给我们带来了一位新朋友——小胖同学（机器人）。它圆圆胖胖的身体好可爱，还能和我们自如地对话，并且在指导老师的示意下它还为我们跳了一曲"小胖版"《小苹果》。还有全天都在操场上空进行拍摄的无人机（创客空间3D打印成果），记录下了我们精彩而宝贵的瞬间，给我们留下了美好的记忆。

最后，真的很想表达一种作为淮高学生的幸福与骄傲。

——摘自校园活动报道

像这样的大型活动每个学期至少举办一次，从策划到实施，从分工到合作，从展示到总结，每一个环节我们都用心去做，用心感受学生的需求和成长，在丰富多彩的活动中，让每个学生都发出自己的亮光，找到属于自己的自信，生命的精彩就这样绽放在一个个瞬间，对生命的感悟、对精神的感知、对他人的感恩就这样缓缓浸入到每个人的心中。

个体的生命千差万别，每个生命都有自己的个性特色，有自己的成长方式，有自己的目标方向，面向未来的教育应该使每一个生命都能够演绎属于自己的精彩。

引领学生形成正确的价值观念，培养学生良好的思维方式，提升学生适应瞬息万变的社会生活的学习能力，激发学生的创新精神，使学生拥有旺盛的生命力，这是我们努力给学生未来生命涂上的闪光底色。

三、为使命担当铸魂

爱因斯坦在《我怎样看世界》一文中指出："我评定一个人的真正价值只有一个标准，即看他在多大程度上摆脱了'自我'。"诚然，每一个生命对于家庭、社会、国家、人类，都应该有自己的使命和担当。以价值引领，为使命担当铸魂，就是要培养学生正确的思想方法、持续的发展能力和勇于担当的高贵精神。思想方法是由人的世界观决定的，世界观又总是与人的理想、信念联系在一起，正确的思想方法体现着一个人正确的价值观。我们深知，通过学校教育，学生拥有持续的发展能力是他们承担未来使命的坚实基础，而具有家国情怀的精神高贵的人才能自觉以天下为己任。

基于"教育：生命对生命的影响"的思想引领，学校明确"为学生的使命担当铸魂"的价值追求，旨在唤醒学生对自我生命价值的思考与追求，注重学生发展能力的培养和精神世界的丰富，使学生以自身的理想追求强化创造精神，提升自身的使命感，因为这样的生命才能自觉承担强国兴邦的责任。

中国桥、中国路、中国车、中国港、中国网等一个个非凡的超级工程，展现出中国在基础建设方面的强大实力和辉煌成绩；从天眼FAST望远镜、互联网、大数据、云计算等新技术，到空天、海工、芯片等尖端领域及参与的大科学计划，展现出中国各领域领先世界的科技实力……

在影片《厉害了，我的国》中，我看到了近年来国家综合实力的飞跃，也看到了一个个中国人为实现中国梦而不懈地奋斗，更认识到自己也应担起实现中华民族伟大复兴的责任！我们新一代在为祖国自豪的同时，更应努力学习，将来为祖国的发展做贡献，共同实现中国梦，让祖国为我们点赞，让世界为中国点赞！

——摘自学生观后感

少年强则中国强。我们每天面对的这些少年是祖国未来的希望，是我们双手托起的明天，理想信念的培植和道德情操的提升至关重要。德立则人立，人立则国立。淮滨高中注重爱国主义思想教育，以社会主义核心价值观为导向，在教育教学实践活动中促进学生形成正确的国家观、民族观，增强学生的民族自信心和自豪感，树立中国特色社会主义道路自信、理论自信、制度自信、文化自信。

夏日炎炎，激情洋溢。坐在归来的列车上，我感觉自己的力量更足、使命更重。

在经过了校级、县级、市级激烈的选拔与角逐后，我十分荣幸地代表淮滨学生参加在中共中央党校举行的第25届全国青少年爱国主义读书教育活动总结大会。

作为一名中学生，我为我们伟大的党而骄傲，为我们蒸蒸日上的祖国而自豪。著名诗人歌德说:"你若喜爱自己的价值,你就得给世界创造价值。"我要用切实的行动使自己成长为一个具有生活幸福品质、生命精彩能力、使命担当精神的时代新人,这样才会真正地发挥作用,为自己的祖国创造价值。

——摘自"时刻听党话,永远跟党走"主题读书演讲活动获奖选手感想

我们积极开展综合社会实践活动,利用节假日组织学生走进社区,走进乡村,走进敬老院,进行社会调查和研学旅行,参与志愿服务,做一些力所能及的帮扶工作,让学生在实践中体验生活、感悟生命、心系家国、自觉担当,深入理解国家和民族的发展要靠社会每一个人的努力。在学习和实践活动中提升愿担当、敢担当、善担当的责任意识和奉献精神,自觉将个人的理想与服务同学、学校、国家和社会紧密统一起来,做有责任、有担当的时代新人。

责任与生命相伴而来。维克多·弗兰克说:"每个人都被生命询问,而他只有用自己的生命才能回答此问题,只能以'负责'来答复生命。因此,'能够负责'是人类存在最重要的本质。"我们在教育教学中始终引导学生强化这样的信念:作为青年人,我们的未来有无限可能,只有肩负起自己的责任,我们的生命才有价值和意义。因此,学生在学习中、生活中必须磨炼自己,获取更多的知识,培养和提升自身能力,进入更高的境界。我们坚持培养学生的责任意识和担当精神,通过各种实践活动引导学生明确担当的精神实质,汲取担当的精神力量,增强对国家的信心、对未来的信念,树立为国家发展、民族兴盛而奋斗的理想和信仰。

学校的价值引领,就是让学生深切领悟生命的价值和意义,找准自己的目标和方向,通过学习、思考、选择、探索,生成使自己的人生充满幸福、精彩和担当的智慧和精神。

我们坚信:

生活,因感恩、感悟而美好、幸福;

生命,因灵动、自觉而丰富、精彩;

人生，因担当、作为而有魂、壮丽。

我们坚持：

唤醒人性中的善良，教人学会感恩、感悟，提升生活能力，为个体拥有幸福的生活奠基；

丰富学生生命内涵，促进生命自觉，提升学习能力，引领生命走向属于自己的精彩；

铸就使命担当精神，强化价值导向，提升发展能力，塑造高贵灵魂，使每个学生的人生充实而壮丽。

第三节　生命引领

朱永新先生说："没有教师的成长，学生的成长是不可能的。"叶澜教授也说："没有教师生命质量的提升，就很难有高的教育质量；没有教师的精神解放，就很难有学生精神的解放；没有教师的主动发展，就没有学生的主动发展；没有教师的教育创造，就很难有学生的创造精神。"因此，教师的生命成长是学生生命发展的必然要求，是学生生命智慧得以不断生成的首要条件。

对于一所学校而言，一流的教师和教育质量是办学的生命线。教师才是学校的真正主人，学校治理的最高境界在于充分调动教师的积极性，激发出教师生命深处的力量，促进教师生命的自我提升，让教师收获职业幸福感、生命价值感。

习近平总书记强调，教师要做"有理想信念、有道德情操、有扎实学识、有仁爱之心"的好老师，要做学生"锤炼品格的引路人、学习知识的引路人、创新思维的引路人、奉献祖国的引路人"。"教育：生命对生命的影响"融入教师发展层面正契合了教师以"四有好老师"为目标、做好学生"引路人"的根本要求。

师德是教育之魂，是浸润生命的精神；师能是教育之本，是点燃生命的能量；师识是教育之翼，是提升生命的智慧。基于"教育：生命对生命的影响"教育思想，淮滨高中把教师的成长作为学校工作的第一要务，站在生命相互影响的高度提升教师的价值追求，努力整合各种教育因素，构筑生命场域。在这个场域中，生命相遇、相伴、相映、相融，作为生命对生命影响的一端，我们激励教师不断提升自己的师德、师能、师识，以全面引领学生的生命成长。

一、师德——浸润生命精神

苏联教育家加里宁指出："教师的世界观、他的品行、他的生活、他对每一现象的态度都这样或那样地影响着全体学生。"我想，那种无声却能使一切默默发生变化的神奇力量，就是一种积蕴在人的生命里的人格魅力和精神力量，对于我们教师而言，这种精神和力量就表现为"师德"，作用于"浸润"。

在教师专业发展中，我们始终坚持"以德促能"的原则，以师德为先，加强基于师德涵养与教育科研的教师成长体系建设，增强教师专业能力，拓宽教师眼界，提升教师境界和追求，通过对生命的引领和点化，促进学生提高生命质量，丰富生命内涵，升华生命境界，切实当好"引路人"，成为精神"辐射源"。

（一）以价值理念提升师德

没有崇高的理念，就不可能有崇高的思想和生活。正确的教育理念是一个教师践行教育行为的思想观念和精神追求。因此，我认为，树立现代教育价值理念是提升师德修养的起点和前提。

《道德经》言："知人者智，自知者明；胜人者有力，自胜者强。"教师的德养提升应从读懂自己、读懂人生开始。基于"教育：生命对生命的影响"思想，教师更要对自己的生命意义和职业价值进行思考，一方面，要对教育事业有一种敬畏感、神圣感和使命感，要培养自己的职业自尊，因为缺乏职业自尊的教师很难感受到职业的幸福，很难看到教育教学工作的积极意义及社会价值，更难让自己高尚起来；另一方面，要做思想上和精神上的强者，有严格的标准、宏大的格局、独立的意志和高尚的情操。

我们深刻认识到，作为学生成长中的重要导师，教师是在以生命引领生命，以自我生命的高价值感去引领学生对自我高度的接纳与认同。因此，一个真正的教育者，其内心应当是明澈的，愿意接纳每一个学生，给学生提供一个充满爱的、自由的成长环境，让每一个学生都能够遵从自己的想法，在生活和体验中成为自己。

我们充分发掘身边典型教师的事迹和先进经验，形成类别丰富的师德师风校本教材，在生命对生命的影响中，引导教师形成崇高的价值理念。例如，师德先进事例心得体会，学校教师先进事迹总结，记录教育教学、班级管理中的收获与感悟，外出培训的学习心得……这些教育中的事迹、学习心得、学习笔记、感悟、手记和活动性材料等都是淮滨高中的教师用心、用爱、用情凝练而成的精神财富。教育是一种慢的艺术，需要教师耐心哺育、慢慢感悟，就像初为父母，育儿的经验是慢慢体悟出来的。一位好教师应是偶有所得，有些独特的理解、独特的发现，然后顺着这种发现、这种感悟，丰富自己的经验，提升自己的能力，逐渐实现自己的教育理想和教育价值。

一名教师的德行修养，不是靠外因的强加和无边无际的说教、无穷无尽的要求而崇高起来的，而是要看教师的职业理想和价值取向，看教师对自己所从事的职业内心深处有没有高度的认同，看教师是不是真心热爱这个职业。教育是潜移默化、潜滋暗长的，不关注长远的、正确的职业理想和价值取向，教育行而不远。教师只有自我价值感高了，才能开启心智、磨砺心性、建构个性化自我，形成独立的精神境界，发自内心地投入到自己的教育工作中，才会接纳与认同学生，更好地体会生命的价值和意义，幸福地活在当下，去做真正的教育。

（二）用爱与责任铸就师德

师德是教师生命中的一种精神，是一种内在的、无形的力量和价值。它的形成基于教师的爱与责任。爱是教育的底色，生命是智慧的起源，把爱赋予生命，才会产生真教育。师者，须有仁爱之心。责任是人类社会永恒的话题之一，责任与担当不仅是每个培养对象应该具备的重要品质，更是每个教育者应该拥有的精神。学校教育应在生命对生命的影响过程中，用责任与担当为每个生命铸魂。这就要求我们教师以德立身，以德立学，以德施教，每一位教师都应当自觉承担起"为党育人、为国育才"的历史使命。面对未来，教师当以仁爱之心、担当之志，提升自己的思想觉悟，涵养自己的品格，以生命引领，以精神照耀，培养学生善良的人性，丰富学生的生命内涵，塑造学生高贵的灵魂，铸造学生的责任担当精神。

师德是浸润生命的精神和力量。我们相信，在爱与责任的驱动下，在生命对生命的影响中，发生在淮滨高中众多教师身上的那些令人感动的事迹，其中所展现出的令人敬佩的精神，都会在无形中浸润着学生的生命，给他们留下难以磨灭的精神印记。

正是因为拥有共同的价值追求，才有了这样一群扛起责任、默默付出的教师；正是出于对学生无私的爱和对教育的一腔热血，他们撑起了淮滨高中的一方天空，成为淮滨高中的脊梁。英国画家威廉·亚历山大说："命令只能指挥人，榜样却能吸引人。"教师本身就是一种丰富的教育资源，他们的言传身教，无时无刻不在影响着学生，他们以良好的师德赢得学生的尊重和信赖，以自己高尚的人格和精神去触动、启迪、引领、感化着学生，让美好的精神在生命之间传递。

（三）用传统文化涵养师德

中国是一个文明古国，有着悠久灿烂的传统文化，诸子学说百家争鸣，诗词歌赋余韵悠长。文化是国家的史诗和骨骼，中华优秀传统文化是民族之根、民族之魂。这些文化已深深地融化在人们的思想意识和行为规范中，并渗透到社会政治、经济，特别是精神生活的多个领域，成为影响人们思想形成和发展的重要动力。在师德修养中，继承和发扬自强有为的优良传统，最重要的是激励广大教师奋发报国，勇挑"天下兴亡，匹夫有责"的重任。在民族崛起、国家复兴的时期，教师爱岗敬业、尽职尽责就是爱国报国。

师德是照耀生命精神的光芒。《周易·贲卦·象传》中言："刚柔交错，天文也；文明以止，人文也。观乎天文以察时变，观乎人文以化成天下。"新形势下提升教师的品德修养，既要坚持弘扬时代精神，又要植根于民族的土壤，引领教师从优秀的传统文化中汲取知识，丰富精神，提升智慧，发展思想，用不断成长的自身生命去影响学生的生命成长，不仅要做一个传道授业解惑之师，更要做一个讲道义、重情怀、有担当，正直、善良、丰厚、有魂的具有职业精神的现代教师。

《新时代基础教育强师计划》强调要"创新师德教育方式，通过榜样引领、情景体验、实践教育、师生互动等形式，激发教师涵养师德的内生动力。"在"教育：生命对生命的影响"教育思想引领下，我们秉承"为生活幸福奠基，为生命精彩引航，为使命担当铸魂"的价值追求，努力创新师德建设途径，以价值理念、爱与责任、传统文化涵养师德，培养教师良好的师品，提升教师职业素养，提高教师的生命质量，从而给学生生命以更高质量的引领。

二、师能——点燃生命光亮

如果说师德是形而上的精神，那么师能就是形而下的行动。教师精湛的教艺能激发学生的学习兴趣，培养学生的学习能力，提高学生的学科素养。正是因为教师的教学水平和专业素质对学生的生命发展影响深远，"教育：生命对生命的影响"教育思想引领下的教学实践对教师的专业能力有了更高的要求，它不仅要求教师加强基本功的锤炼，而且要求教师能够站在生命的高度去研究和丰富自己的教育教学资源。

好的教师是学生一生的财富，构建"师生成长共同体"，促进师生共同发展，使师生都成为具有生活幸福品质、生命精彩能力、使命担当精神的时代新人，这也是构筑学校精神高地的重要途径之一。

"教育：生命对生命的影响"的教育思想，其要义之一即确立教师成为鲜活生命引路人的教育职业价值认同，从锤炼品格、提升知识、思维创新、使命担当等方面定位教师发展目标，站在生命的高度去研究和提升教师专业技能，用"师能"点燃学生生命的光亮，助力学生的成长。

（一）做好职业规划

时代的发展对教师有了更高的要求。现代教师的职业素养包含职业道德素养、职业心理健康、职业能力素养、职业知识素养、职业身体素养等，教师只有同时具备这些素养，才能胜任"教师"这个职业，才能在教育活动中有所知、有所为。相信每个热爱教育的教师都是怀揣着理想走上三尺讲台的，但在当今这个经济快速发展、各种观念潮涌的时代，能够始终保持"心底有爱，眼里有光"，并在坚守中实现自己的职业理想及人生价值并非易事。

近年来，一批批新教师走进淮滨高中，我最期待的莫过于看到他们尽快适应工作岗位，快速成长为一名合格、优秀的高中教师。但我也一直在思考，如何更好地为他们提供源源不断的成长动力，使他们自觉注重专业发展，树立终身学习的理念，有效克服职业倦怠，过上有尊严的专业生活和幸福生活。

教师作为一种职业，需要规划，更需要经营。当你踏上三尺讲台时，你就要想清楚自己要成为一位什么样的教师，是当一辈子的"教书匠"还是成为名师、教育专家。你的目标将决定你的高度和成就。故而，我们在对新入职教师进行培训时，会通过开展专家讲座、优秀教师经验分享等活动来引导青年教师明确目标；在青年教师成长过程中，搭建平台，创新机制，严格落实青年教师培养导师制，以帮助他们做好职业生涯规划。

学校实施教师分级发展目标制，结合教师发展的阶段性特点，对入格教师、合格教师、优秀教师、专家型教师分别制定发展目标，如入格教师发展目标：懂得教师职业基本规范，熟悉教育教学常规工作，掌握学科知识，站稳讲台；专家型教师发展目标：教学有思想，管理有理念，科研有成果，自身有影响。我们要求教师结合自身实际，制定三年、五年发展规划，使每位教师都找到发展的阶梯，体味到成长的幸福。

（二）坚持专家引领

教师的成长是一个不断学习、坚持追求的过程。高中教师面临高考的压力，教学任务重、相关工作多，不少教师的专业发展意识不强，如果不能有效地加以引导，教师就不可能获得自身的持续快速成长。

教师的成长，一方面需要教师本人不断地思考和实践；另一方面也需要学校为其提供学习的机会和条件，需要专家的引领和指导。淮滨高中主要通过"走出去、请进来"发挥专家引领作用。

首先，学校举办各类报告会、研讨会，邀请著名教育专家、学者到学校讲学，开阔教师专业视野，丰富教师理论知识，提升教师专业素养。此外，学校建立国家级、省级、市级、校级等各级名师工作室，以工作室为依托，开展常态化的教育教学研究活动，以此来及时有效地解决教师成长中遇到的问题。

其次，学校鼓励教师带着问题"走出去"，参加高层次研讨会、培训活动，要求教师确定具体的目标，参加学习培训回来后整理心得、撰写反思、举办汇报讲座，这种方式大大增强了教师外出学习的效果，也进一步扩大了培训的成果。

哲学家康德曾说："世界上有两件东西能震撼人们的心灵：一件是我们心中崇高的道德标准，另一件是我们头顶上灿烂的星空。"我深信观念决定行为，有什么样的教育观念，就会有什么样的教育行为，这也是我们通过专家引领，启发和促进教师形成自己教育理念的原因。

（三）依托教育科研

无论是在个人专业发展的需求上，还是在时代发展的要求上，教师都必须由"经验型"向"科研型"迈进。一线教师在教育教学过程中积极参与教科研活动，自觉学习理论知识，更新教育观念，以科研带教研，以教研促教改，这是提高教师自身素养的必由之路。开展教育科研活动可以带来无数功效，但最根本的目的是帮助教师通过探索教育教学规律，提升自身专业能力，引领学生全面发展。

教育科研是促进教师专业成长的主要路径之一。教育是培养人的工作，而人的生命是多姿多彩的，且人的发展有着无限的可能性，教师在教育教学工作中不停地思考、发现，遵循教育规律，探索适合学生学习成长的方法路径，这一切，都带有研究的性质。可以说，每一个问题，都可以当成我们研究的课题；每一节课，都可以是我们开展的行动研究。

苏霍姆林斯基在繁忙的教学与管理工作的同时，以顽强的毅力从事研究、探索规律，他坚持写教育日记，曾先后对3700名学生做个案记录，能详尽地说出25年中对178名"最难教育"的学生所进行的工作及学生曲折成长的过程。苏霍姆林斯基为我们展示了一位教师通过教育科研最终成为教育家的历程，更提供了教师研究的一种范例。

教师所研究的问题和开展的活动虽然可能只是一个点，但由此获得的经验和能力却可以迁移到自身其他方面的工作当中，从而带动教育教学能力的全面提升。因此，我们在开展课题研究时注重与学校的发展实际相结合，确定研究课题需有明确的方向性和实效性，以此引导教师通过实践探索和研究，转变思想观念，把握教育规律，提升专业能力，促进学校教育质量的稳步提高。

正如苏霍姆林斯基所言："如果你想让教师的劳动能够给教师带来乐趣，使天天上课不至于变成一种单调乏味的义务，那你就应当引导每一位教师走上从事研究的这条幸福的道路上来。"课题研究的过程也是教师对自身教育教学行为进行观察、内省、反思的过程，反思是研究的起点，解决问题是研究的终点，教师在对教学过程的干预及对教学方法的改进中不知不觉地进入了研究状态，从而促进自身专业的持续发展。

（四）搭建活动平台

王阳明在《传习录》中说："人须在事上磨，方立得住。"在学校，教师所做的事除了常规的教育教学，就是围绕教育教学所开展的各种活动了。为此，学校常态化开展校本培训、校本教研、课题研究、课堂竞赛、专题研讨、师徒结对等活动，为教师的专业发展、个性发展搭建平台，促进教师在学习中进步，在交流中丰富，在反思中提升。

例如，学校定期开展的各类课堂竞赛活动，能够以赛促教，促进教师转变教学观念，提升能力。其中，每年一度的"主题性特色课堂"及"精品课"竞赛活动内容不仅是课堂展示和技能大赛，还包括参赛教师的个人教学思想凝练汇报和答辩环节。在活动过程中，参赛教师首先要借助教师学习共同体的力量，在同伴互助下，凝练出自己的课堂教学思想；其次要用科学的教育理论论证自己的教学思想，通过引经据典、质疑碰撞探寻教育规律，比拼才艺的同时增强自身的理论修养；最后要展示教学思想引领下的课堂教学成果。通过此项活动，我们每年推出一批学科精品课例，在全校教师中起到引领辐射作用。

再如，为加强青年教师培养，我们实施青年教师培养导师制，开展师徒结对系列活动，包括拜师仪式、师徒同上一节课、青年教师工作定期汇报验收、出师总结表彰等，学校同时对指导教师和青年教师进行过程性评价，使新、老教师各展其长，互帮互学，优势互补，在生命的相互影响中实现共同成长。

有人说，一个好校长是"发明游戏规则的人，而不是跟在别人后面学做游戏的人"。我想，所谓"发明游戏规则"其实就是进行机制创新。在学校特色与创新发展时期，促进教师专业发展，关键是创新教师培养机制，激发教师发展动力。通过诸如此类的创新，我们欣喜地看到，在"教育：生命对生命的影响"教育思想引领下，在以"让学习发生"为目标指向的课堂革命推进过程中，通过精心规划、专家引领、同伴互助、活动推进，我校的青年教师正在快速成长。

教育是生命对生命的影响，是"一棵树摇动另一棵树，一朵云推动另一朵云，一个灵魂唤醒另一个灵魂"。对于教师来说，你想培养什么样的人，首先你自己得是什么样的人。因此，我们着力于教师成长体系建设，引领教师不断提升自己，秉承职业价值追求，对个人专业成长进行深度思考，合理规划，努力成为一个品德好、业务精、科研能力强的教育家型的教师，在生命的相互影响中做好学生的引路人。

三、师识——提升生命智慧

教育的目的在于启蒙和唤醒人的智慧和思想，使愚昧者得以开化，使懵懂者得以彻悟，使混浊的人生变得清澈，使沉睡的生命得以觉醒。如今获取知识的渠道增多，对于学生而言，教师的见识真的比知识重要多了。作为一位教师，他的见识广了，眼界宽了，境界高了，思维活了，就会给学生带来无尽的财富，就会在不经意间把他的所见、所闻、所思、所悟带给他的学生。这种来自天赋、学习和经历且源于心灵的"师识"，是教育的大智慧，它能于潜移默化中使学生真正获益。因此，为师者需修炼一颗慧心，以慧启慧，以心育心。

社会上对"知识本位"的学校培养出的人有诸多的诟病，其中有一种"五精五荒"说尤为犀利，即"精于科学、荒于人学，精于电脑、荒于人脑，精于网情、荒于人情，精于商品、荒于人品，精于权力、荒于道力"。这对于学校教育来说是一种警示，提醒我们在教书育人的过程中要重视对学生智慧的启迪，使得我们培养出来的人不仅拥有广博的知识，还具有良好的人文素养和道德品质，具有很强的社会实践能力，能够在当今知识经济和信息时代中成为"弄潮儿"，成为推动社会发展和进步的智慧型人才。这就要求教师不仅具有传道授业解惑的功力和智慧，还有教会学生感知生活、欣赏大美的远见与博识，以及教会学生"明德""至善"的胸襟和气度。

思想总是引领着行动，不断拓宽的视野和不断深化的认识是教师超越自我、提升境界的前提和基础。教师的发展不能仅仅满足于掌握较为娴熟的教学技能，还要向形成一定的教学艺术乃至独特风格这一新的高度迈进。基于"教育：生命对生命的影响"教育思想，我们要求教师不断拓展自身的"师识"，带着研究的眼光看待自己、看待教学、看待教育，逐渐成为"会思想的芦苇"，拥有自我更新的勇气和能力，从"知者"走向

"智者"，以"经师"的高度去传授知识，以"人师"的境界去影响生命，从而提升生命的智慧。

（一）明晰"教师"光荣使命

教师直接承担着培养社会主义建设者和接班人的重任，要为实现中华民族的伟大复兴提供人才支撑和智力保障，要培养有责任有担当、有大爱大德大情怀、有崇高理想能奉献的人。因此，教师要正确定位自己，明晰自身的光荣使命和责任担当。

1. 理解"师"之内涵

有"识"之师不是把教师当作职业，而是当作事业，甚至是"命业"。其对"教师"的认识绝不限于传道授业解惑，而是认识到自己是学生成长和发展的引领者，是美好心灵和精神的塑造者。基于此，教师才能自觉修炼，不断提升和完善自身的人格与精神。

2. 明确"师"之使命

习近平总书记在全国高校思想政治工作会议、北京大学师生代表座谈会、全国教育大会等多个重要会议上均提出"新时代教育三问"：培养什么人、怎样培养人、为谁培养人，并指出，培养什么人，是教育的首要问题。有"识"之师深深懂得，培养德智体美劳全面发展的社会主义建设者和接班人，正是教师的光荣使命。

3. 要有"师"之担当

有"识"之师基于生命成长的教育目的，明晰"教师"的神圣使命，确立"为生活幸福奠基、为生命精彩引航、为使命担当铸魂"的价值追求，甘于奉献，潜心育人，努力培养具有生活幸福品质、生命精彩能力和使命担当精神的时代新人。

（二）领悟"教学"真正意义

教学观是教师对教学的认识或对教学的主张。教师从这一认识出发，确定教学目标，选择教学方法和在教学中对教育对象所采取的态度。教师对"教学"的基本价值、基本作用和基本任务有着不同的认识，有什么样的教学观就有什么样的教学行为，不同的教学行为必然会产生不同的教学效果。

有"识"之师对"教学"的理解和把握总是深刻而独到的，具体如下。

1. 领悟教学内涵

教学是学校培养学生的基本途径，教师是教学活动的承担者、组织者和主导者。教师对"教学"的理解是其教学行动的重要价值导向。有"识"之师能够正确领悟"教学"的价值意义，引导学生全面发展、自我提升，而不是把"教学"当成简单的知识传授、技能训练。

在基于生命影响的课堂教学中，教师的任务不是简单地向学生传授知识，而是"唤醒、浸润、引领、成全"。这就意味着我们的教学要从学生的学习需求出发，将当前的教学内容与学生原有的认知基础有机地联系起来；要从学科知识的根本之处入手，以准确的理解和有效的方式助力学生学习，促进生命成长。

2. 瞄准教学目标

新课程的目标最终要体现在学生的变化上。如果说课堂是使生命发生变化的无限生成，那么教学目标则是关于教学将使学生发生何种变化的明确表述，是在教学活动开始之初我们所期待得到的结果。以我的理解，"教学"是"教"与"学"的结合，一切的"教"都是为了"学"，所以要教以促学；一切的"学"都是为了"用"，所以要学以致用。

基于生命影响的宏观教学目标是让学习发生、让生命成长。学习发生，就是学生在与人、与物、与环境的交互中建构概念、经历过程、交流情感、增强体质、建立信念、发现自己。生命成长，是学生能够创造性地解决问题，提升自我发展的能力；培育优良的品质，形成完全的人格；凝练高贵的精神，彰显优秀的文化。因为我们的根本任务是落实立德树人，我们的教学目标就要始终指向学生。

3. 把握教学本质

透过教学活动的表象，有"识"之师能够立足"立德树人"的根本任务，结合学校具体培养目标，深刻理解教学本质，多角度探索生命发展的有效路径，通过点燃、点悟和点化，引导学生自立立人、自达达人、自觉觉人。

首先，教学是一种点燃。教育教学的过程也是学生心理建设、精神成长的过程，在这个过程中，教师应激发学生生命中自我创造的精神，使学生主动在知识、品格、修养上提升自己，在不断的创造中迈向更高层次。

其次，教学是一种点悟。教师通过启发和引导，唤醒学生的自我发现潜能和发现意识，使学生不断提高对自身价值的认识，不断进行知识、意义的自我发现和自我建构，不断提升自身的思想境界。

最后，教学还是一种点化。在教学活动中，教师用自己的见识和智慧去点拨、引领学生的生命，通过启发心智、化育心灵，培养学生的发展自觉，促进学生的智慧生成，助力学生不断超越自我。

（三）把握"教育"本质内涵

教育的本质昭示着教育教学方式，决定着"怎样培养人"的问题。有"识"之师会保持空杯心态，树立终身学习、终身发展的理念，不断追问和思考教育的本质，理解教育内涵，明确教育目的，把握教育规律，从生命影响的高度全面提升自己，从而达到以德育德、以智育智、以美育美。

1. 以德育德

立德树人，德育为先。因为教育的本质是生命对生命的影响，所以师德便是教育之魂。德国教育家福禄培尔说："教育之道，爱与榜样，除此无他。"有"识"之师总是以自身对教育本质的把握去审视育人工作，因其思想的深刻而自带光芒，并以其崇高的言行感染、培养、引领、带动更多的人积极向上，这就是生命对生命的影响。

以德育德，方能站在生命的角度理解学生，真正走入学生的内心，并将德育建立在真实的体验之上。理解是教育的前提，没有建立在理解基础上的教育，仅靠说教和强制要求，不仅收不到应有的教育效果，还容易引起学生的逆反心理，容易造成"冤假错案"，甚至伤害学生的感情，引起一系列的负面效应。

习近平总书记在中国人民大学考察时强调:"老师应该有言为士则、行为世范的自觉,不断提高自身道德修养,以模范行为影响和带动学生,做学生为学、为事、为人的大先生,成为被社会尊重的楷模,成为世人效法的榜样。"高尚的师德既内生于澄澈的心灵,又外显于积极的行动。没有人天生就是睿智的,教师的品德修养也不是一成不变的,而是需要通过不断学习、思考、改进,汲取更丰富的知识,形成更深刻的思想,磨砺更坚忍的精神,树立更坚定的信念,培养更高尚的道德。

以德育德需要教师坚持学习、研究、交流,提升自身的道德认识、道德情感、道德意志、道德信念以及道德行为;需要教师不断反思,认识自己行为的是与非,辨别善与恶,在品德修养上不断进益;需要教师专注于自己的事业,摒弃外界的喧嚣,涵养自己的品性,不断超越,无私奉献。

2. 以智育智

教育机智是教师在教学实践活动中的一种随机应变的能力。俄国教育家乌申斯基曾说:"不论教育工作者怎样地研究了教育学理论,如果缺乏教育机智,他就不可能成为一个优秀的教育实践者。"这是因为教育教学是一种特殊的认识,是一种特殊的交往,是一种特殊的实践,它时刻在变化,时刻在碰撞。在教学过程中,有"识"之师会具有别样的慧心,总是能根据学生的一个异样的眼神、一个惊喜的表情,甚至是一个错误、一场危机,捕捉到最佳教育时机,洞开心扉,启迪智慧,激发灵感,让课堂教学呈现美好的境界。

教育教学中教育机智运用得好,不但可以化解教师自身的窘境,拉近师生距离,增进师生感情,而且能在无形中使学生受到教师人格魅力的感染,增强教师的威信,点燃学生学习的热情。

我认为,慧心不是源于天赋,而是来自后天的修炼。不断提升的"师识"会让教师深深懂得,人的生命既是感性物质的,又是精神超验的。在生命与生命的对话中，我们不妨试一试通过丰富的生命体验活动，以智育智，唤醒学生的现实感、成就感。有"识"之师的慧心，既是一种教育方式，又是一种教育境界，既是术，又是道。在"术"的层面上，它表现为真正理解和尊重学生，以及化难为易的本领；在"道"的层面上，它表现为一种举重若轻的气度，感受身边美好的修养和追求人生幸福的境界。

3. 以美育美

美育有利于学生创造力、想象力的培养。在感知美、欣赏美、创造美的过程中，人们的感知、观察、理解、想象和思维能力得到进一步提升。在通常情况下，以文学、音乐、美术等为艺术手段和内容的审美教育活动，是美育的重要组成部分。而在"教育：生命对生命的影响"思想引领下，我们遵循美育特点和学生成长规律，坚持以美育美、以美育人。

教育有美，美在育人又自育，最好的教育就是让"最美"的自己和学生相遇。有"识"之师总是能修炼出有趣的灵魂，成为幸福的人，然后召唤出有趣的灵魂，教育出幸福的学生。

美总是给人以愉悦和幸福。《论语》中"学而时习之，不亦说乎"的幸福感受，师生同行、"浴乎沂，风乎舞雩，咏而归"的教育图景，都是教育的美与悦，也是我们应该追求的教育境界。工作了一天，有的教师说："上了一天课，真累啊！"有的教师说："一天和学生在一起，真开心，收获满满！"这两种不同的感受，反映了教师对待工作的态度，一个是被动工作，自己教得苦，学生学得也苦；另一个是心中有爱，眼里有美，享受工作，悦己悦人。试问学生会喜欢哪种教师呢？

"感人心者，莫先乎情。"教师精神饱满，情绪高昂，品行高雅，积极进取，学生必将受其感染。因此，我们努力将"教育：生命对生命的影响"教育思想内化于每位教师心中，改变那种苦教苦学的方式，引领教师提升"师识"，在工作中发现教育之美，找到育人之乐，感受教育成功的喜悦，使教室成为思想碰撞、心灵倾诉、情感交融、生命共进的地方，使教学成为师生享受生命成长、享受成功喜悦、感受人生幸福的活动。以美育美，在活动中获得幸福体验，在影响中共同成长，这正是教育给人带来的大美。

学校作为教师成长的实践场所，须有先进的思想价值引领、科学的制度保障和良好的文化氛围。当然，更重要的是，在以人为本的理念指导下，学校还要以教师为本，通过提升教师的师德、师能和师识，实现师生共同成长，共同发展，共同幸福，共同精彩。

教育是生命对生命的影响，这种影响的深度不仅体现在学生当前的成长中，更隐藏在生命的未来里。

第四章

对话：影响的平视角

教育的本体是"生命"，而"对话"是生命的内在诉求。课堂教学中生命与生命的对话既是"影响"发生的方式，也是个体意义生成的过程。基于"影响"的平视角，我们构建对话场域，营造对话氛围，开展以平等、尊重、生成为特征的生命对话。

从哲学意义上讲，人活着就是参与对话。对话不仅是一种交流方式，更是生命的内在诉求。

"人作为一个完整的声音进入对话。他不仅以自己的思想，而且以自己的命运、自己的全部个性参与对话。"

——巴赫金《巴赫金全集（第五卷）：陀思妥耶夫斯基诗学问题，诗学与访谈》

教育是生命对生命的影响，"影响"有多种途径、多种形式。对于学校教育来说，课堂是教育教学的主阵地，课堂教学中"生命与生命的对话"是师生生命之间所发生的最直接的影响，也是影响的最重要的形式。在对话中，师生处于平等的地位，教学气氛公平、开放、和谐，师生之间通过协作共同发现和解决问题以及建构知识和意义。要实现生命对生命的影响，教师应善于创造"对话课堂"，引领、组织学生自由展示、充分交流，让课堂充满生命的活力。为此，我们以课程作为"对话载体"，以课堂作为"对话场所"，用评价提升"对话动力"，让学生的潜能在"对话"中被唤醒，让学生的思维在"对话"中被触发，让一个个生命在"对话"中受到感悟和启发，获得发展与提升。

第一节　对话的载体——课程

课程是培养学生发展核心素养的主要载体，是实现教育目的与培养目标的基础，是教师从事教育活动的基本依据，是学生汲取知识的主要来源，对学生的全面发展起着决定作用。

我认为：一所学校只有有了自己的特色课程体系，才能称为有自己的特色，才能让"生命之间的对话"变得丰富而有意义，才能有效地达成学校的特色培养目标。一成不变的课程，只能让"对话"变得枯燥，甚至让"对话"变为"独白"，让学校走向僵化。

别林斯基说："人有自己的成长时期，如果不适合于成长时期的特点，就可以窒息他身上的任何发展。"基于"教育：生命对生命的影响"教育思想，我们依据学生身心发展规律，建构可理解、可把握、可操作实施、可观察评估的培养目标，使不同学段育人目标能彼此衔接、上下贯通，避免产生培养目标过于宏大而没有边际、过于庞杂而结构不明的现象，避免出现一切都从娃娃抓起而无视学生的年龄特征等问题。

新一轮课程改革从过去对学科知识体系的科学性、完备性的重视转向了对学科素养能力培养的看重，这是生命对教育的需求，也是社会对教育的呼唤，更是国家对教育的期待。这不单单是这些年来一直提倡的"素质教育"，更是在对学生本人及学校的评价模式上发生的重大转变。这次变革的核心内容是提出了"核心素养"的概念。作为学生应具备的、适应终身发展和社会发展需要的必备品格和关键能力，核心素养已成为当前课程改革的支柱性理念，其对研制课程标准、开发课程与教材资源等均起着重要的推动作用。

当然，这也为我校的课程改革提供了新的思路，启发我们：一是关注"对话"的目标。立足学生自身发展，构建以社会主义核心价值观为中心的学生核心素养体系。二是关注"对话"的过程。在学生核心素养培养体系的框架下，进行课程设计与优化。三是关注"对话"的效果。基于核心素养培养体系，建立系统的学业质量评价标准。

为此，我们构建了科学、人文、语言、数学、生命"五位一体"的理念先进、特色鲜明的学校特色课程体系，通过不断加强学校课程建设，落实学校办学思想，满足学生的兴趣和需要，培养学生综合素质，提升学生核心素养，促进学生生命成长。

一、实施国家课程校本化工程

无论是哪个学校，课程建设对于促进全体学生的健康成长都具有极为重要的意义。我们认识到，城乡二元结构、东中西部区域经济发展不均衡导致教育发展水平存在差异，学生的社会生活环境不同，学校自身发展的特色也不同，因此，必须创造性地实施国家课程校本化工程，这对我们的学生成长来说至关重要。

（一）搭建校本课程整体框架

国家课程校本化是基于当下、面向未来构建学校课程的路径选择。我们充分考虑学生的基础学习能力及其生命成长的目标方向，立足地域特点和学生实际，通过对"学科知识""学科能力素养""信息技术实施路径"进一步整合，构建起三维共振的学科课程框架体系，让生命的"对话"有所承载。

我们通过对课标和教材进行梳理，对知识进行归类，对能力进行层级化处理，对应用信息技术支撑下的实施路径进行优化，使学习目标更明了，将知识问题化、问题练习化。同时，我们非常注重学法指导，使校本课程真正关注到学生生命成长的"需求",成为学生学习的"方向盘"和"路线图"。这既适当降低了课程难度,又激发了学生的学习兴趣,将自主学习落到实处,满足了学生个性发展需求。

(二)完善"三线合一"的学科教学设计

任何时候,教育都应当有"生命"在场。只有这样,我们的课程教学才会是贴切的、灵动的。在培养学生发展核心素养的背景下,我们教师一改过去那种经院式、照本宣科式等教育教学方式,根据教学要求灵活处理教学内容,根据学生的认知和心理发展规律确定教学目标,通过适当的教学策略引导学生积极思考和深入探究,揭示知识与知识、知识与生活之间的联系以及知识背后的价值,以领会蕴含在具体事实、概念、原理当中的科学思想和学科方法,使学生的理解和思维达到高层次的抽象与概括水平,从三维目标走向学科核心素养,再到学生核心素养,把"课程总目标"与"学科教育目标"有机结合,借助"现代信息技术",构建并不断完善"三线合一"的学科教学设计。

这种教学理念和方式不仅把学科课程看作由概念、原理、事实构成的知识体系,而且真正着眼于学生素养的提高,更加重视课程对于学生"生命"全面发展的影响,充分挖掘学科教育在帮助学生形成正确的世界观、人生观、价值观和方法论方面的价值和作用。

(三)基于课型研究进行学程设计

在新课程背景下,落实"教育:生命对生命的影响"教育思想,构建生命对话载体,离不开学程设计。因为"课程"是供学生学习的课程,"学生"是学习课程的学生,所以,我们在教师提出的课程实施主导性设计框架的基础上,充分发挥学生的主体性,根据学生的兴趣、特长和能力,让学生积极参与相应课程的开发。

我们每年都要通过充分调研,在研究课型的基础上对课程进行选择和调整,对课程实施进行设计与规划,在师生生命的交互中,动态生成利于学生学习的"学的课程"的设计。参与的过程本身就是在学习、实践和创造，这种学程设计非常切合学生的实际，深受学生的欢迎。

二、开发丰富多彩的特色课程

本着"立足校本、突出特色、发挥专长、构建体系"的原则，我们通过不断探索，逐步完善四大生命化特色校本课程模块：一是体现自主学习的"学法指导及养成课"，二是落实学校办学思想的"生命教育课"，三是促进学生特色发展的"特长辅导课"，四是培养学生动手能力和乡土情怀的"社会实践课"。

根据学校校本课程开发方案，我们从课程性质、基本理念、课程目标、设计依据、课程内容及标准、课程实施及课程评价等方面对学校校本课程进行规范。各学科根据学情开发校本课程，制定相关课程标准和实施方案。

每个生命都是独一无二的，每个独特的生命都需要滋养。为满足学生发展的多样需求，我们围绕学生生命成长开发出多种特色校本课程，编写多种校本教材，积极探索多种教学组织形式和学习方式，以激发学生的学习兴趣，丰富学生的生命体验。

三、构建多元供选的课程模式

在"教育：生命对生命的影响"思想引领下，我们以学生为中心、以全面促进学生生命发展为目的，关注学生个性化需求，不断开发校本课程，丰富学生生命成长和发展不同时段所需的课程资源，为学生提供"自助式"的营养餐。多元课程供选模式增强了学生课程选择的自主性，大大拓展了学生课程选择空间，有效促进了学生生命成长，提升了学生生命品质。

根据学校的整体课程规划，我们为学生提供了校本课程整体走向指引表，并进行公示，让学生结合自身实际进行开放式选择。在实施过程中，我们不仅努力提升学生课程选择的自主性，扩大学生的选择空间，而且指导学生做好个人发展规划，教给学生选择方法，帮助学生根据自己的兴趣和特长选择相应的活动课程和学科课程。例如，每个学生都可在自己所选择的课程中掌握一项运动技能，学习一门自己感兴趣的学科课程。通过探索、研究和实践，我们不断丰富和完善多元供选的学校课程模式，把课程选择权真正交给学生，以切实满足学生的发展需求。

我认为，一个学校想要培养什么样的人，就必须进行相应的知识、技能、态度和思想的构建，必须根据学生发展的实际需求进行合理设计，而这正是课程不可替代的价值。淮滨高中开展基于学生发展核心素养的学校特色课程体系建设，正是在"教育：生命对生命的影响"教育思想引领下，本着课程的价值性、丰富性、选择性和开放性原则，通过构建科学全面的"对话"载体，丰富"对话"的形式和内容，促进学生在"对话"中全面而有个性地发展。

第二节　对话的场所——课堂

　　造烛求明，读书求理。学习是人类的基本活动，是个人成长的需要。习近平总书记援引东汉思想家王充"人才有高下，知物由学"的说法，并指出："青年人正处于学习的黄金时期，应该把学习作为首要任务，作为一种责任，一种精神追求、一种生活方式，树立梦想从学习开始、事业靠本领成就的观念，让勤奋学习成为青春远航的动力，让增长本领成为青春搏击的能量。"可见，学习对于青少年适应社会发展、促进生命成长具有极其重要的意义。

　　教育是生命对生命的影响，对于学校教育，发生影响的主阵地是课堂，进行影响的主要方式是教学。我认为，教育的最终指向是生命成长，教学的根本目的在于"让学习发生"。为此，我们确立了"学习发生"的课堂目标指向，树立了以"学生"为主体、以"学习"为中心的课堂教学观念，建立了"学习发生"课堂教学评价标准。

　　我们说，教育是生命对生命的影响，那么，课堂教学就是生命与生命的对话。"对话"是我们在课堂教学中非常熟悉的一个教育场景。克林伯格提出："教学方式中起相互作用的对话是优秀教学的一种本质性的标识。"

　　课堂是"对话"发生的关键场所，但这里的"对话"指向的并不仅仅是课堂中简单的师生问答，问答不等同于对话，我们所说的"对话"指的是蕴含教育性的相互倾听和言说，是一种能够充分展现思维品质和生命灵性的有意义的活动。教师只有从根本上对课堂"对话"的价值有正确的认识，对教学内容有整体的把握，多思考、多分析，才能优化课堂"对话"，才能提升课堂对话的有效性。因此，让对话在课堂中真正发生，对教师的倾听习惯、观察习惯以及思维习惯都提出了极高的要求，只有教师充分尊重每一个生命个体，不断提高自己的倾听能力、观察能力和思维品质，真正的对话才可能在课堂教学中真实发生。

以课堂为对话的场所，就是要为学生打造"想对话、会对话、敢对话、乐对话"的课堂氛围，使学生由"要我思考"转变成"我要思考"，促进学生思考，做课堂真正的主人，合理有效地建构认知结构，发展思维。

学生在校大多数时间是在教室内、课堂上学习，但是，教室课堂的学习真的发生了吗？我冷静思考后发现，当前课堂中的问题比比皆是：

教师"满堂灌"，学生被动接受教师的"指示"，缺乏真正的、实质性的参与；

关注"实际生活味"，忽视学科科学性质；

关注"教"的课堂形式，忽视真正的收获；

实践教学忽视学生的内在需求导致"手动与脑动"的脱节；

自主探究学习因教师引领的缺失带来的效率低下与异化；

探究思考学习的泛化导致的浅层表面化；

……

许多有心的教师都已发现，此类课堂的后果是："热闹激烈"的课堂表征背后却是低下的课堂效率，学生的学习并没有深度发生！

那么，如何才能"让"学习发生呢？我们首先要明确"让"在这里的含义。"让"是具有一定目标指向的要求，我认为它至少包含三层含义：一是"顺应"。对于课堂活动的中心"学习"来说，它是顺势而为，即当课堂上学生已经进入良好的学习状态，"学习"已经实实在在发生时，我们要遵循人的认知规律，不去人为地干扰或阻碍这个进程。二是"引导"。对于学习的主体"学生"来说，它表达一种指向性很明确的、非常具体的要求，即在课堂教学活动中，学生被启发完成一定的学习任务，通过听、说、读、写以及观察、探索、研究、交流等手段获得相应的知识与技能。三是"协助"。对于课堂的组织者、引导者、合作者——教师来说，它表现为助力学生达到"学习发生"这个目标的行为。在学生因获取知识、技能和情感而使生命不断发生变化的过程中，教师通过设定课堂学习目标、组织学习活动、检测学习效果等环节，引领学生深入学习，运用问题驱动，协助学生展开学习，促进学生学习能力与学习品质的提升。

基于以上理解，在引领教师进行反思总结与探索实践的过程中，我们努力做到以下几点：一是课堂教学的设计与实施由"基于教"转向"基于学"。"基于学"体现了"学习主体——学生"的回归，"基于学"更加关注课堂教学的生成性资源。二是构建以"倾听与对话"为基础的学习共同体。用启发性问题把课堂对话引向更深、更高层次，并毫不吝惜地让学生在思考中"浪费"时间。三是倡导以学生为主体的"多样化"学习方式。教学重在启发和引导学生在思考中实现"再创造"。

因为课堂教学是生命与生命的对话，所以与知识学习相比，思维训练和能力培养更为重要。课堂上的"动与静"都只是表征，学生思考的深度和广度才是更重要的。故而，我们更加关注学生的深度学习，积极引导学生参与知识的生成过程。

淮滨高中"生命对话"理念下的课堂教学改革，体现了从简单的生命介入与接纳，到生生、师生的生命对话与交流，再到生命的相互影响和共同提升这一循序渐进的过程；探索出了一条从"优化课堂结构，到探索课堂教学设计思想，再到实施课堂教学行动策略"的课堂改革之路。

在"教育：生命对生命的影响"教育思想及"让学习发生"课堂教学思想的引领下，我们从学生的学习需求出发，以问题为主线，以信息技术与课堂融合为平台，在完善"三段六块、立体交叉"课堂教学的理论架构、规范课堂教学各环节的基础上，构建起基于"让学习发生"的"学习前置、问题驱动"课堂教学模式。当前，结合"互联网+"和大数据的背景，通过构建"C（Cloud）-S（Study）-（Life）多元互动课堂"，完善"三线合一"的学科教学设计，优化基于课型研究开发的学程设计，进一步深化教学的革命、学习的革命、生命成长方式的革命，努力探索让教与学的方式发生根本转变的有效路径。

我们的目标：建立师生生命共同体，实现师生生命共振，让学习在生命的相互影响中真实地、深刻地发生。为了达到这一目标，多年来我们在课堂改革之路上进行了不懈的努力，探索课堂教学模式，实施课堂教学改革，历经五个阶段的探索，取得三次突破，可称之为学校课堂1.0版、2.0版和3.0版。

一、学校课堂1.0版：让角色转变

学校课堂1.0版是我们课堂教学改革迈出的第一步，主要目标是让教师和学生的角色发生转变。其经历了两个阶段：

第一个阶段：从2005年开始，我们提出课堂"三个三分之一有机整合"。课堂三分之一时间用于学生自主学习，三分之一时间用于学生小组合作学习，三分之一时间用于师生交流学习。这在一定意义上打破了"满堂灌""填鸭式"的传统教学模式，促使教师由"传授者"向"引导者"转变，学生的学习由被动转为主动。

第二个阶段：实施"读、练、议、点"四步教学法。从2007年开始，学校推行"读、练、议、点"四步教学法，要求教师精讲少讲，还时间给学生，让学生真正成为学习的主人；明确了课堂教学四个环节及操作步骤，将"两个转变"的弹性要求转化成师生的教学行为。

在此阶段，我们以改变课堂结构作为撬动课堂改革的支点，虽然看似"简单粗暴"，但所形成的课堂教学模式与"以学生发展为本"的新课程理念高度契合。其间，我们初步构建了新的学生观、教师观、学习观、师生观、课程观、教学观和评价观，在一定程度上实现了课堂教学的五个转化：从注重知识传授转向注重学生全面发展；从"以教师的'教'为中

心"转向"以学生的'学'为中心",基本实现"师本—生本—学本"的转化;从注重教学结果转向注重教学过程;从教师权威的传授转向师生平等的对话交流;从评价模式的单一化转向评价模式的多元化。师生角色的转变使得教师教得轻松,学生学得愉快。

二、学校课堂2.0版:让学习发生

我认为,一位优秀的教师必须学会从学生的角度去思考问题,从学生生命成长的高度去理解教学,真正实现让生命影响生命,真正把课堂还给学生,让教学由封闭走向开放,由预设走向生成,由关注教案的落实走向关注学生的思维,由关注问题的答案走向关注学生的学习需要。唯有如此,学生的学习才会真正"发生",才能真正"让"学习发生。

因此,我们学校课堂2.0版的目标进一步明确指向学生的学习——"让学习发生",同样经历了两个阶段:

第一阶段:形成了"预设—发现—探索—生成"课堂教学设计思想。"预设"和"生成"是新课程改革所倡导的两个重要理念。从2008年开始,学校围绕课堂改革,通过开展"说—评—讲—说—评+前后反思"课堂教学研究系列活动,在探索实践中,凝练出"预设—发现—探索—生成"课堂教学设计思想,将"规定要求+经验方法"式的课堂升华为教育理论指导下的生态化的课堂。

第二阶段:由课堂教学设计思想向课堂教学行动策略转化。2009至2010年,在"预设—发现—探索—生成"课堂教学设计思想指导下,淮滨高中课堂教学改革的重点由课堂教学设计思想向课堂教学行动策略转化,落实"学习重心前移、教学重心下移",尝试构建新的课堂教学模式;2010至2014年,逐步完成"三段六块、立体交叉"课堂教学建模,探索形成了课堂教学十八项行动策略。

为全面实施新课程改革,我们把学生自主学习、合作学习、探究学习落到实处,把"课堂"还给学生,让"对话"真正发生,学校制定了相关的方案、制度，从思想、原则、目的、模式、形式、策略等方面给予具体的指导，并通过开展小组学习评价、课堂教学效果评价等多元评价进行推动，以保证教学各环节的落实和教学效果的持续提升。

基于"生命与生命的对话"课堂理念，我认为，学校课堂2.0版的实践价值与创新点在于以下几方面：

一是促进了师生生命融合与丰富。"课堂教学模式"着眼于提升师生的生命质量，构建基于共同目标的师生学习共同体，促进学优生和学困生协同发展，使"教室成为学生最喜欢的地方，学习成为学生最喜欢的活动"。课堂变"活"了、融洽了，课堂教学成为师生品味幸福、体验成功、丰富生命的过程。

二是促进了学生学习方式的转变。我们的课堂强调让学生在自主、合作、探究学习过程中发现问题，在学生实践层面上，贯彻了"预习结构化""学习责任化""评价多元化""时间效益化"和"记忆高效化"的行动理念。

三是实现了教师角色的根本性转变。教师由课程复制者转变为课程开发的研究者，由知识讲授者转变为问题发现者和学习活动的设计者，由课堂教学管理者转变为学生有效学习的服务者、促进者。

该课堂模式获2014年河南省首届基础教育教学成果一等奖、国家级首届基础教育教学成果二等奖。

此后，我们又在对"三段六块、立体交叉"课堂教学建模的理论架构基础上进一步优化提升，构建起基于"让学习发生"的"学习前置、问题驱动"课堂教学模式，成功实现了教与学方式的根本转变。

"学习前置"是"对话"的基础，其本质是"学习重心前移"，即学生先进行个性化的自学，带着问题和思考进入后续学习。"学习前置"是"生本教育"理念的一个重要表现形式。"问题驱动"是"对话"的策略。人本主义学习理论代表人物罗杰斯认为，人类具有天生的学习愿望和潜能，这是一种值得信赖的心理倾向，它们可以在合适的条件下释放出来，当学生了解到学习内容与自身需要相关时，学习的积极性最容易被激发。如果教师以"问题"为载体，通过师生互动来引导学生思考、学习、探究，学生就能够在解决问题的过程中提升思维和能力。因此，教师的任务是为学生的学习搭建阶梯，教师的角色应当是学生学习的"促进者"，"对话"教学要用"间接的、不命令的、启发性的形式"，强调学习者个体与群体之间进行协商讨论式和交流互动式的学习。

基于"对话"理念的"学习前置、问题驱动"课堂教学模式由一个学习载体、三个学习阶段、七个教学环节、六项行动策略所组成。其中，一个学习载体是云平台，三个学习阶段是前置学习、合作学习、拓展学习，七个教学环节是问题预设、问题发现、问题呈示、合作讨论、展示交流、问题检测、内化升华，六项行动策略是目标转换、问题重组、呈示多变、问题探究、评价激励、问题诊断。

该课堂模式体现出六大特征：一是在课堂要素方面，将"问题"要素嵌入到课堂学习之中，使之成为与教师、学生、课程和情境并列的关键要素，为"对话"的发生提供载体，使得课堂中师生能够共同围绕"问题"开展对话交流、合作探究，"问题"成为教与学活动的主线。二是贯彻"学习前置"的理念，建立"对话"基础。学生通过结构化预习发现问题、生成问题，教师通过结构化备课预设问题，并将师生问题整合后达成学习目标。三是在师生关系方面，通过生命间的"对话"建立起真正意义上的民主、人文、和谐、发展的"学习共同体"。师生在教与学的过程中共同发现问题、生成问题、解决问题、拓展问题，通过合作探究、对话交流，达到知识建构、能力培养、情感丰富、潜能挖掘、素养提升的目的。四是在教学方法方面，基于"对话"的本质要求，须采用自主、合作、探究学习为主的建构式学习法，如自主探究法、合作讨论法、展示对话法、问题生成法、问题拓展法等。五是在教学组织方面，拓展多生命参与的"对话"，实施小组合作团队学习，建立"多对多"的、能够激发学生潜能、促进学生合作成长、和谐发展的小组合作团队学习机制。

三、学校课堂3.0版：让智慧生成

随着信息技术的发展，互联网正在颠覆着传统教育。教育是面向未来的，我们的课堂教学改革也应着眼长远、放眼未来。

党的十九大报告明确指出要"加快教育现代化""办好网络教育"；党的二十大提出推进教育数字化，建设全民终身学习的学习型社会、学习型大国。随着云计算、大数据、移动互联网、人工智能等现代科技的发展与应用，"互联网+"与教育的融合渗透不断深入，信息化教育在内涵、深度和质量上不断发展，教育教学系统的结构和形态正在发生变革与转型，逐步形成新的教育理念与模式——智慧教育。智慧教育是信息化教育发展的高级阶段，它以全体学生的学习与发展为中心，利用"互联网+"的思维和技术，打造富有智慧的学习环境，为学生提供智慧、高效的教育服务，促进传统教学结构性变革，促进学生发展智慧和智慧发展。

课堂教学是充满智慧的"对话"活动，需要高阶思维的碰撞、生命智慧的生成。从2015年至今，我们坚持在"让学习发生"课堂教学目标指引下，结合"互联网+"和大数据的背景，进一步深化教学革命、学习革命，努力探索让学习方式发生根本转变的有效路径。这一时期是我校课堂教学改革的第五个阶段，我们称之为"学校课堂3.0版"。这一时期，我们进一步更新了课堂教学理念，开展了智慧课堂实验，探索构建了淮滨高中"C—S—L多元互动课堂"，主要目标指向"让智慧在对话中生成"。

（一）更新理念

联合国教科文组织曾提出："目前的学校教育还是为了满足一个多世纪之前的生产需求而设计出来的。学习的模式在过去二十年里发生了巨大的变化，知识来源改变了，我们与知识之间的交流互动方式也改变了。"

当今，互联网的飞速发展带动着人工智能的迅猛发展。"无人某某"正在改变着世界，也改变着教育。数字时代的"互联网、人工智能"的最大特点是"开放性、互动性、全球性、多元性、个性化"。我们引领教师不断学习，跟上时代，了解大数据对教育、对学生所产生的深远影响，充分认识到它不仅改变着教育的概念、教育的生态环境，还改变着教育形态、教育方式、师生关系、家庭关系等方方面面，甚至颠覆了整个传统教育的观念。所以，我们每位教师都要清醒地认识这种变革，迎接新的挑战，积极开发、探索、升级人工智能技术辅助的"课堂+线上+实践"混合式教育模式，注重发挥各种类型教育资源、方式的优势，促进人机协同、时空融合。

杜威说："如果我们仍然以昨天的方式教育今天的孩子，无异于掠夺了他们的明天。"未来已来，未来就在当下的课堂中。故而，当下的课堂最重要的是：我们不能简单地复制以前的课堂，不能让将在未来生活的孩子今天仍然生活在过去的课堂里。因而，用教育信息化支撑教育现代化符合时代的潮流方向。

《国家中长期教育改革和发展规划纲要（2010—2020年）》中明确指出："信息技术对教育发展具有革命性影响。"信息技术是加快中西部教育发展的重要手段。当前，信息技术与学科教学融合已经成为信息技术在教育教学中运用的主要发展方向，信息技术与学科教学的深度融合，既是一种助力师生利用信息技术改变教与学的科学方法，也是一种发挥信息技术优势促进学生发展的现代教学理念。

我认为，信息技术与学科教学的融合，如果仅限于教师的使用和教学方式的转变，而忽视了学生的使用和学习方式的转变，就等于忽视了教学活动的主体。如果这种融合不能实现常态化，就永远不能触及教学方式与学习方式的本质。信息技术只有撬动了黑板粉笔，才会对课堂教学产生革命性的影响。这种革命要打破的是教与学的基本形式，而打破"旧世界"之后建立"新世界"，就必须有目标、有蓝图，尤其是要构建起新的教与学方式的基本形式。这种基本形式的特点是教学资源的整合性、教学过程的开放性和学习过程的多元互动性，线上线下相结合，基于"对话"的学习随时随处可以发生。

通过学习研究，我们引领教师首先在思想上认识到今天的学生需要的是一个以学生为中心的新的教育体系，即个性化学习和基于能力的学习。因此，探索信息技术与学科教学融合的基本路径，促进信息技术与学科教学的深度融合，是我们带动和促进教育现代化的一个核心课题，也是丰富"对话"形式、有效促进学生生命成长的有效途径。

（二）实践探索

1. 顶层设计

基于"教育：生命对生命的影响"教育思想，我们努力探索构建我们的3.0版课堂，即淮滨高中"C—S—L多元互动课堂"。这种基于信息技术与学科教学融合常态化的现代课堂具有两大特征：一是运用建构主义学习理论，以"学习（Study）"为核心，以"云（Cloud）"为平台，形成促进泛在学习和混合式学习发生的"学习场"；二是根据人本主义学习理论，以"生命（Life）"为主体，以"多元互动"为策略，形成通过生命对话、发挥生命影响、促进生命成长的"生命场"。这是一个真正意义上的"大"课堂：学习随时随地发生，生命形成共同场域，影响无处不在。

我们深知，课堂教学改革不可能是一帆风顺、一蹴而就的，实施过程中必然会遇到各种各样的问题。因此，我鼓励教师加强实践研究，要敢于探索创新，学会把问题变课题，边实践边研究边解决，要在此过程中积极总结经验，改进不足，强力推进课堂教学革命，决不允许意志不坚定、一步三回头。

2. 构建模式

2017年，围绕"让学习发生"的课堂教学目标指向，我们从学生的学习需求出发，从学科知识的根本之处入手，将顶层设计与学生终身发展结合，在"三段六块、立体交叉"课堂教学模式及"学习前置、问题驱动"课堂教学模式的基础上，结合时代发展特征，借助现代教育信息技术，反复探索，积极创新，通过建设课堂教学云平台，将信息技术与课堂教学深度融合，顺利实现了与淮滨高中"学习前置、问题驱动"课堂教学模式的无缝对接。该模式通过构建"生命对话场",推进个性化学习、混合式学习、泛在学习,使课堂教学真正关注到每个学生的学习需求,促进了每个生命的成长。

3. 活动推进

无论是教师还是学生,都是在活动中成长的。我们以省级校本教研实验校为平台,采取专业引领、同伴互助、个人研修等形式,促进教师专业技能的成熟、教学智慧的提升。一是开展智慧课堂教研活动。围绕课堂改革,我们定期开展聚焦课堂主题教研系列活动,扎实推进智慧课堂实验。二是开展智慧课堂实践研究。围绕智慧课堂的构建,我们开展省、市、县、校各级课题研究,以研促教,创新路径。我们的实践研究成果多次获省中小学信息技术创新应用优秀成果一等奖。三是开展智慧课堂竞赛活动。我们定期开展智慧课堂说课、教学设计、优质课、微课制作等竞赛活动,通过展示交流,促进教师提升课堂教学能力。

(三)形成策略

学校教育是生命对生命的影响,课堂教学是生命与生命的对话。在"互联网+"和大数据信息技术教育的背景下,我们积极拓展"对话"新路径,在对软硬件的更新及对教师的信息技术能力培训的基础上,做好顶层设计,稳步推进,以点带面,逐步达到全面铺开的目的。经过不断探索和实践,我们已初步形成基本策略。

1. 全面规划,构建生命对话场

信息技术在教学活动中的应用不仅能够促进教学质量的提升,而且通过整合课程资源,对学科进行合理规划,能够有效促进学科的建设与发展。信息技术与学科教学的深度融合使我们能在把握学情的基础上进行全面规划,通过建设课堂教学云平台,构建现代化的"生命对话场",使课堂教学关注学生需求,关注生命成长,从根本上提高课堂教学的效益。

(1)制定学科发展目标

我们在进行学科规划时,首先,注重把握学科发展的内在规律,结合学校"教育：生命对生命的影响"办学思想和学校教育教学的整体需要进行合理定位；其次，明确学科的发展思路，在宏观层面对学科的结构与布局进行统一规划；最后，结合不同学科的特点，确定各个学科的发展目标，以人为本，以现代信息技术为支撑，注重结合学生的认知水平和相应的现实条件，全面整合学科资源。

（2）统一规划学科内容

自高一年级开始，我们即进行课程内容的再处理及重新编排。我们不仅为学生提供种类丰富的学习资源，而且对学生三年的学习和发展目标进行通盘考虑、全面规划、分层落实，把学生核心素养的培养落实到常规教学中，做到三年一盘棋，以此达成教师成长、学生成才、学校成功的目标。

（3）全面整合学科资源

一是对学科师资的培养调整，培育学科骨干力量，形成科学合理的学科教师梯队；二是教学资源的开发与整合。智慧课堂教学模式借助互联网所提供的大量知识与信息，根据社会和时代的要求，帮助学生实现对信息的加工、整理、挑选和改造，使之适应快节奏的时代，掌握前沿知识，及时更新知识。通过"云平台"，教师提前发布微视频等教学资源，为学生提供一个信息资源丰富的学习环境，让学生提前学习，这样不仅有利于学生自学能力的培养，还可让学生根据兴趣爱好和具体需求对知识进行取舍和整合，以切实满足自身发展的需要。

2. 深度融合，优化学科课堂教学

信息技术与学科教学的融合体现在信息技术与课程的目标、结构、内容、实施等相关内容的融合上，同时也是促进课堂教学改革的有力举措。我们坚持课堂教学"以生为本、合作内化、师教为要、点拨升华"的基本原则，最大化提高课堂教学效率；依据信息技术与学科教学深度融合的推进目标，在实践中努力创新课堂教学模式，优化课堂结构，提升课堂教学效益。

（1）满足个性化需求

当今时代，每一个人都无时无刻不浸泡在信息里。学生也不例外，作为社会发展的继承者和传递者，喜爱电子产品及各类软件几乎是他们的天性。教师是学生生命成长的引路人，是学生学习的组织者和引导者，面对一个个独特的生命，应努力做到尊重差异、因材施教，这就需要教师精心设计教育教学场景，细致观察学生课堂内外的表现，为学生提供、创造适合他们的学习条件。

我们尝试对教师日常教学进行"颠覆性"改造，整体推进基于信息技术和学科教学融合常态化的智慧课堂研究，把学生"自主性学习""探究性学习"等理念落实到学生学习生活的全过程中。在教学中，我们指导学生利用智慧课堂智能平板边学边做、边做边学，全面掌握学习方法，学会如何学习、如何思考及如何解决问题。我们认为，要使学生的思维能力得到培养，就必须让学生学会发现问题、提出问题、解决问题，这个过程就意味着"学习的发生"。而我们教师的作用在于有效地组织、指导、促进学生开展学习活动，助力学生实现自我学习、自我教育、独立思考和自我创造，从而真正达到"学习和思维的自由与超越"。

（2）开展有效评价

"关注发展，以学论教"是现代课堂教学评价的指导思想。教学评价是教学过程中必不可少且非常重要的一个组成部分。从某种程度上说，它影响着一堂课、一次作业、一次考试的教学效果。基于"课堂教学是生命与生命的对话"教学思想，我们认为，一节好课要以师生能灵活地、面对面地、一对一地交流为基本依据，要能较好地关注到学生的情感态度、个性发展、价值观等方面的变化，要能发挥评价的导向和激励作用，让学生在认识自我、完善自我的同时，积极接纳他人、学习他人，分享合作的快乐，促进学生潜能、个性、创造性的发挥，使每一个学生都具有自信心和持续发展的能力。

智慧课堂教学更利于我们对学生进行多角度、多创意评价。教师根据每个学生表达的独特性和个性化及时进行针对性的评价,让学生的表现得到实时监控,这有助于更好地实现由对学习结果的评价转向对学习过程的评价。

教育家布莱克·威廉提出:"有益的教师反馈应该是具体的、描述性的和及时的。"对于学生的每一个精妙的回答、每一次认真的作业、每一次好的表现,教师都要不失时机地给予鼓励和表扬,哪怕是一句简单的话、一个赞许的目光,都是对学生极大的鼓舞,都有利于培养学生积极的自我接纳态度,都能让学生体会到学习成功的愉快和不断进取的乐趣。

(3)增强师生智慧

在智慧课堂教学中,资源的选择和重组、技术的创新和运用,对我们的理念、思维、技术、方法都提出了更高的要求,也为我们提供了更加广阔、灵活的创造空间。比如,针对处于不同能力层级的学生生成不同的问题,针对不同的情境设计不同的活动,针对不同性格的学生采取不同的"对话"形式……我想,这才是智慧课堂的真正"智慧"。

3. 多管齐下,转变教与学的方式

无论是传统课堂还是现代课堂,其核心都是教与学。现代信息技术的应用对于教师的教学方式、学生的学习方式、师生的互动方式等均产生了巨大的影响。我们认识到,作为学生学习与认知的工具,信息技术在学科教学中的常态化应用,的确能够改变传统的教的方式和学的方式,但转变教与学的方式绝不是单靠某一方面所能够达到的。要构建智慧课堂,仅有观念和技术还远远不够,有时候,一些小的策略聚合在一起往往会有大的作用,会产生意想不到的效果。因此,在实际教育教学中,我们非常注重现代信息技术对学生学习能力培养的促进作用,积极探索总结智慧课堂教学行动策略,在实践中不断完善,构建师生教与学活动的共振系统,让生命的智性和灵性在对话交流中不断被激发,生命智慧不断提升。

(1)注重"适当",推进混合式学习

混合式学习是在"适当"的时间,通过应用"适当"的技术,给"适

当"的学习者传递"适当"的能力，从而取得最优化的学习效果的学习方式。因此，我们在推进混合式学习的过程中强调，既要抓住传统学习的精髓，又要结合现代网络远距离传输的优势，也就是说，既要发挥教师引导、启发、监控教学过程的主导作用，又要充分体现学生作为学习过程主体的主动性、积极性与创造性。

推进混合式学习，开展生命对话，组织课堂讨论，这种促进学生"吸收内化"的学习过程大大提升了课堂效率。教师的角色从传统的"圣人"转变成导师，学生则更加突出其学习的主体性和主动性。同时，我们加强生命与生命的对话，建立师生之间、生生之间的连接，建立课堂与课外的连接。通过建立这些连接，我们构建融合信息技术的内容和个体间情感互动的通道，以混合式的方式帮助学生的学习"随时、随地、随需"发生。

（2）尊重"差异"，促进个性化学习

我国《基础教育课程改革纲要（试行）》指出，教学要"促进学生在教师指导下主动地、富有个性地学习"。个性化学习要根据学习者的特点和发展潜能，采取灵活、适切的方式满足学习者个体需求的学习，强调在学习的过程中以个别差异为出发点，以学习者的学习需求和学习兴趣为中心，突出学习者在学习过程中的主体地位。我认为，理想的学校能让每个学生都获得发展、走向成功。在以物联网、云计算等技术的成熟为基础的大数据时代，人才需求日趋多样化，社会呼吁全新的教育理念，要求培养出富有个性和创新精神的人才，以适应未来信息化和知识化社会的变革与发展。

为实现学生的个性化学习，让每个学生的智慧得到充分发展，我们通过课前预习测评分析和课中随堂测验即时分析，准确把握每个学生掌握知识的状况，客观评价每一个个性化个体，更清晰地了解认知每一个学生，从而有针对性地制定个性化教学方案，利用在线互动答疑，进行个性化的辅导，真正实现以学生为中心的、"一对一"对话的个性化教学。

（3）强化"交互"，实现泛在学习

信息技术正在改变着我们的教学理念和学习方式。泛在学习作为一种融合信息技术的新型学习方式是教育发展的必然结果。在"教育：生命对生命的影响"思想引领下，我们旨在培养全面发展的生命个体，全面提高学生的综合素质。现代教育教学技术的不断革新，使我们的学校教育逐渐向着多样化、个性化发展。

在这样的背景下，我们有必要重新定义课堂。那么，"课堂"是什么？我认为，课堂是空间、问题、活动、评价在单位时间内的生成。基于这样的理解，我们的教育活动就不应局限在有形的教室之中、统一的课本之内，而应以更为开放的态度，从更广泛的视角对课堂教学进行重构。为此，我们根据学生的实际需求，深入学习领会泛在学习理论，结合"课堂教学是生命与生命的对话"教学理念，积极构建泛在学习环境，搭建资源共享平台，提高学习资源的联通性，组建师生泛在学习共同体，强化信息交互、学习互动，让学习与讨论、对话与交流能够随时随地发生。

教师教学方式转变的重要体现是充分利用信息技术整合多种多样的教学资源，创设生动形象的问题情境，提供丰富的优秀素材，激发学生主动学习的兴趣，引导学生积极思考，使知识学习不再局限于课堂内，师生的对话与互动不再受制于面对面、一对一，人机交互、人人交互成为新常态。

毋庸置疑，智慧课堂改变了统一化和单一化的教学模式，在教学内容、方法、手段和组织形式等方面都有着深刻的变革。我们借助学生学习行为和学习过程的数据分析，能够更好地把握每个学生在学业成绩、学习习惯、学习态度方面的差异，从而采取不同的教学方法，真正做到因材施教。但更为重要的是，在这个过程中，学生能够与教师及合作伙伴进行充分的对话与交流，在享受到真正的个性化教育的同时，也不断地发生着生命对生命的影响。

鉴于信息技术的教育现代化是未来教育的发展方向，未来高度发达的网络将为新的教学方式提供坚实的技术基础。作为"教育：生命对生命的影响"思想指导下学校教育教学实践的重要工程之一，我们持续推进信息技术与课堂教学的深度融合，通过多渠道的师生"对话"、生生"对话"，保障学生学习过程的主体性、教师教学过程的主导性，有效促进人的终身发展。

  课堂教学是生命与生命的对话，在生命的"对话"中，师生互为主体的平等关系是生命和谐相处、顺利开展"对话"的前提。师生通过"对话"传达思想感情，呈现思维方式，转换精神能量，通过"对话"使影响发生，使心灵转向。教育的目的是使生命更美好、更有意义，我们将生命作为教育的本体来进行认识，教育的过程就是生命意义逐渐显现的过程，教育的意义就是通过生命与生命的"对话"，实现生命对生命的影响，使生命走向自信、自明、自觉。

第三节 对话的动力——评价

评价是推动生命发展的不竭动力，评价在教育教学中具有引导、管理和激励的作用。为营造生命发生"影响"的场域，丰富"生命对话"的内容与形式，提升"生命对话"的效果，我们立足学校特色与创新发展，基于"生命成长"构建多维评价体系，基于"生命对话"探索多种评价方式，基于"生命影响"完善多元评价机制，对学校文化、课程构建、课堂教学、教师发展、学生成长等进行有效评价，以营造良好的"对话"氛围，激发生命自觉"对话"的动力，引导"对话"朝着高品质、深内涵方向发展，让生命与生命的对话更精彩，让生命对生命的影响更深远。

一、基于"生命成长"构建多维评价体系

多维评价体系体现了人性化、多元化和发展性等评价原则，符合生命成长规律，利于发挥评价对"生命成长"的促进作用。"生命成长"体现在学生综合素质的持续提升上，教育的发生体现在教育活动的方方面面，基于"教育：生命对生命的影响"教育思想，我们强调以成长为目标，以影响为途径，对应生命的三个维度：长度、宽度、高度，以提升学生的生活幸福品质、生命精彩能力和使命担当精神为目标指向，挖掘教育对话的深刻内涵，以评价激发对话的动力，积极构建基于"生命成长"的多维立体评价体系。

（一）多维设立评价指标

在学校课程改革实验工作中，我们将学生综合素质评价作为学校管理和发展的中心任务，通过多维设立评价指标，把促进学生综合素养的提升纳入整个学校教育质量监控体系，使其与学校的各项工作和评价有机融合。

淮滨高中的多维评价集中体现了"全面促进生命成长、促进生命全面成长"的基本理念，强调"对话"在教育教学中对学生品质培养、能力提升和精神铸造的效用。我们在具体考核中设计了项目表，将对学生的综合素质评价分为三大模块，即品质考核模块、能力考核模块和精神考核模块。

1. 品质考核模块

品质考核模块即指向"生活幸福品质"的考核模块，涵盖了如下两个方面内容：一是对人内在的乐观的心理素质的培养，具体包括心理健康、积极向上、意志坚强；二是对人外在的善良品行的培养，具体包括对人宽容、诚实守信、友善爱人。我们开展的教育对话就是要唤醒人性中的善良，教人学会感恩、感悟，提升生活能力，为个体生命拥有幸福的生活而奠基。

2. 能力考核模块

能力考核模块即指向"生命精彩能力"的考核模块，涵盖了如下两个方面内容：一是对学生学习能力的培养，具体包括求知能力、做事能力、发展能力；二是对学生创新能力的培养，具体包括批判能力、创造能力、实践能力。我们开展的教育对话就是要丰富学生生命内涵，促进学生生命自觉，提升学生学习能力，引领生命走向属于自己的精彩。

3. 精神考核模块

精神考核模块即指向"使命担当精神"的考核模块，涵盖了如下两个方面内容：一是对学生理想信念的培养，具体要求是尽心于信仰、尽力于行动、尽责于责任；二是对学生行为方式的培养，具体要求是为国无私、担当无畏、付出无悔。我们开展的教育对话就是要铸就使命担当精神，强化价值导向，提升发展能力，塑造高贵灵魂，使每个学生的人生充实而壮丽。

评价的根本目的是促进人的发展，我们把品质、能力、精神等多维评价指标落实在具体的教育教学活动中。

一方面，以课程为"对话"的载体，课程评价与管理注重彰显学生的主体地位，重视学生的生命体验，在课程实施中体现"教育：生命对生命的影响"教育思想理念，以有效评价引导师生积极开展"对话"活动。

在对课程的考核评价中，我们注重课程实施过程中满足学生的生命需求，引导学生在情境中体验成功，在活动中提升学习的乐趣，特别是注重对学生进行品质培养、能力提升和精神形成等方面的内容。一是考核课程的开发是否有利于培养学生生活幸福的品质，如包含生涯规划、健康教育、心理辅导等在内的健康成长系列课程；二是评价课程的实施是否有利于提升学生生命精彩的能力，如自然科学、创新实验、创客教育等课程，评价的指标是分析其能否通过日常课程教学，提升学生的学科素养，培养解决问题的习惯和能力；三是评估课程的开展是否有利于学生使命担当精神的铸造，如"话说淮河"、综合性实践活动等系列课程，评价指标是考核其能否利用自然地理特色，引导学生深入了解家乡的传统文化，增强学生的家乡荣誉感，培养学生的担当意识与家国情怀。

另一方面，我们以课堂为"对话"的基础场所，激励教师基于"对话"的原则来设计和安排教学，制定基于"对话"的教学策略，在课堂教学活动中用好评价，以便更有效地创造"对话"环境，更有力地促进生命之间高质量"对话"的发生。

教师的职责现在已经越来越少地传递知识，而越来越多地激励思考；除了他的正式职能以外，他将越来越成为一位顾问，一位交换意见的参加者，一位帮助发现矛盾论点而不是拿出现成真理的人。他必须集中更多的时间和精力去从事那些有效果的和有创造性的活动：互相影响、讨论、激励、了解、鼓舞。

——联合国教科文组织国际教育发展委员会《学会生存——教育世界的今天和明天》

以前，人们评价和衡量学生的标准比较单一，基本上就是成绩是否优秀。随着素质教育和核心素养的推行，教师需要对学生进行多元化、多样化评价。"生命对话"的课堂，更需要教师发挥评语的指导性、激励性功能，教师的评语更要体现平等、尊重和激励。

故而，我们要求教师给学生的评语要充满感情，要多角度、多方面地评价每一个学生，要让学生从评语中发现真实、鲜活、充满个性的自我，体会到教师的期望、信任与鼓励。教师是学生生命成长的引导者，教师也要在对他人的评价中不断完善自我，与学生共同成长。饱含期望和引领的综合性评语是多维评价的直观呈现，必然会对学生产生巨大的影响。

在评价中，我们坚持"过程比结果更重要，成长比成功更重要，做人比做事更重要，综合素质的全面提升比学业成绩更重要"的原则。通过构建基于"生命成长"的多维评价体系，我们逐渐完善学校评价机制，建立以"文化建设、课程构建、课堂教学、教师发展、学生成长、学校治理"为内容的全面发展的评价体系，充分实现评价功能、评价标准、评价内容、评价方法的多元化，在充满对人的生命的关怀与尊重的评价过程中，让生命之间平等对话、和谐对话、充分对话、高效对话，让影响无处不在，让感悟时时发生，让生命旺盛生长。

（二）多维选择评价客体

基于"教育：生命对生命的影响"教育思想，我们认为，在学校多维评价体系中，教育教学评价的客体应是处于一定的环境之中，通过课程紧密联系并且相互影响的教师的"教"与学生的"学"之间的关系，不能简单界定为教学活动或教学过程。因此，我们立足生命的"影响"与"对话"，从文化与管理、课程与教学、教师与学生等角度，多维选择评价客体，以达到以评促管、以评促建的效果。

1. 文化与管理

学校文化是学校教育理念、价值追求、学校精神等诸多要素的综合，对全体师生的心理产生潜移默化的影响。在学校发展进程中逐步积淀起来的文化，能够形成一种强大的聚合力，是区别于其他学校的精神标记。

基于"教育：生命对生命的影响"教育思想，在学校教育活动中，我们要让生命的影响无处不在，生命的对话无时不有。思想是行动的先导，拥有先进的教育理念是学校文化建设的前提和关键。因此，我们引领师生转变理念，建立起平等、尊重、自由的互为主体的对话文化，使我们的学校教育能够处于这种良好的文化生态中，通过生命之间的沟通、交流、碰撞、融合，发挥对生命的启迪、点燃、引领作用。

为充分发挥学校文化管理功能，我们以处室和年级为单位，对团队文化的构建、文化管理机制的创新、文化建设方案的制定、文化管理的成效、文化活动的开展等进行评价，将评价结果与奖惩挂钩，以此来激发管理运行机制的活力。

2. 课程与教学

根据建构主义学习理论，教育不是一个单向的信息和知识传递的过程。学习发生于人与人之间的社会交往与互动之中，应当以学习者为中心来安排课程。"对话"是学习者之间发生社会交往与互动的重要方式，要在教育中成功地开展"对话"，教师就需要掌握对话的一般知识和技能，并把对话作为开展教学所必须遵循的基本原则。具体到课程与教学层面，我们把"生命影响""生命对话"的理念融入课程与教材之中，立足于生命的对话来评价教学的成效。

一方面，我们在对学校课程本身的评价、实施的过程性管理与对学生的学业评价中，凸显学校的办学理念。对学校课程的实施和管理能够体现出学校的精神价值，基于"教育：生命对生命的影响"教育思想和"为生活幸福奠基，为生命精彩引航，为使命担当铸魂"价值追求，我们努力培养学生善良的人性、丰富的生命和高贵的灵魂。

根据"生命成长"的评价指标，我们在对学校课程进行评价时，充分考虑在其过程中学校教育思想是否彰显、学校价值追求是否体现、学校培养目标是否达成。通过对国家课程和校本课程实施的评价，既突出学校共性的要求，体现学校共有的价值观和精神特质，又为学生的科学选择提供了保障。

另一方面，我们在对教育教学活动的评价中，体现"生命与生命的对话"课堂教学理念。对课堂教学的探索与改革要凸显对教育主体生命价值和意义的关注，基于"教育：生命对生命的影响"教育思想，我们通过对教学过程的评价，促进教师专业精神和专业品格的塑造、教师教育价值感的提升，倡导在生命对生命的影响过程中，以教师的价值取向和意识形态，潜移默化地影响学生，为学生的生命精彩引航。

基础教育课程改革是为了每一个学生的发展，课堂教学也不例外。因此，关注学生在课堂教学中的表现，即关注学生怎样学，成为我们课堂教学评价的主要内容。我们通过了解学生在课堂上的讨论、交流、合作、思考、获得结论及其过程等行为表现评价课堂教学的成效。对课堂教学的评价，既关注教师的行为，也关注教师如何促进学生的学习，如教师如何组织并促进学生的讨论，教师如何评价和激励学生，教师如何激发学生学习的热情和探究的兴趣，等等。

评价的核心在于教学中教师能否通过生命与生命的对话，唤醒学生的自主意识，促进学生勤于追问、乐于探究、勇于思辨等学习品质的形成；师生在生命对话中是否都得到启发、领悟，其潜能是否都以激发；学生自主学习、主动探究习惯是否养成；师生生命是否得以共同成长。这些维度的评价实现了由"对学习的评价"到"为了学习的评价"的根本转变，教学重在对学生的学习过程进行评价，教学效果重在评价学生良好学习习惯的培养和自主学习能力的提升。

3. 教师与学生

教育是生命对生命的影响，教师和学生是教学中最重要的因素，对教师和学生的评价直接影响着教学的导向和成果。

（1）对教师的评价

在"教育：生命对生命的影响"思想引领下，我们倡导教师要努力提升师德、师能、师识，做好学生的生命引路人。我们对教师的评价，旨在引领教师朝着专业化发展的方向前进，引领学校朝着科学育人、全面育人的方向发展。相对于传统教学模式而言，基于"对话"原则的课堂教学对教师提出了更大的挑战，需要教师具备如下能力和素养：

① 先进的教学观念。教师要尊重所有学生的各种不同见解，让学生在决定应该做什么、需要什么学习环境时有真正的发言权，将学生的实践能力、思想方法、行为方式和价值观念作为评价的重点。

② 较高的教学素养。教师要具有良好的知识储备，运用科学的教学方式，能够持续有效地掌握学生的进步情况，采用有效的措施来巩固其学习成果；拥有出色的学生管理技能，构建和谐的师生交往环境，体验积极的情感，赢得学生的尊敬，鼓励学生超越自我。

③ 丰富的教学机智。教师要能够灵活处理课堂教学中突发的事件，及时有效地调整教学策略；对学生提出的新奇或有意义的问题给予及时肯定和点拨；能够熟练地组织、引导学生进行对话，善于把教材同其他领域的知识联系起来，擅长利用和发挥学生的才能。

④ 较强的组织能力。较强的组织能力包括教材的组织——针对教学目标，结合学生实际，利用一切教学资源，精心组织教学内容，使之适合学生的经历、兴趣等；语言的组织——语言准确、简练、通俗易懂，有感染力，能激发学生学习的积极性；教学的组织——保持教学内容的完整性和结构性，合理安排教学实施的各个环节并把握节奏，知道如何抓住契机创设对话的情境吸引学生的注意力，营造有利于学习的课堂氛围。

（2）对学生的评价

基于"课堂教学是生命与生命的对话"的教学理念，我们对学生的评价旨在培养学生的"对话"意识和"对话"能力，组织、引导学生主动参与"对话"，在"对话"中思考、交流、丰富、提升，高效完成知识的自我构建。对学生的评价主要体现在以下几个方面。

① 能主动参与学习。学生有很强的主体意识，以强烈的求知欲积极参

与到丰富的课堂学习活动中，并在活动的过程中建构认知。

②能积极思考交流。学生在课堂学习中，能积极动脑、动口、动手，去发现问题、提出问题；在解决问题的过程中，善于观察、探索、思考，大胆发表自己的见解，在思维碰撞中，使问题不断得到解决。

③能深刻体验感悟。学生通过对学习活动的体验，能从体验中获得丰富的内心感受，使自己的认知产生质的飞跃，即对情境对象有所感悟，使自己的认知水平上升到新的高度，从而促进自己的思维能力及综合运用能力的提高，为创新学习打下良好的基础。

④能大胆探索创新。学生能敏锐、快捷地捕捉问题核心，思维流畅，富于联想，善于从各个不同的角度，以不同的方式思考问题；并且在学习活动中善于归纳、猜想、质疑，把已有的结论作为新的思维素材，努力探索，积极创新。

⑤能有效协作互动。学生能积极与同学、老师合作，建立良好的人际交往；在对话、研讨等交流过程中，能够尊重他人的意见，认真聆听、评判不同的观点，并以适宜的方式表达自己的想法。

（三）多维贯彻评价原则

在多维立体评价过程中，我们坚持贯彻以下原则，以确保评价结果的客观、科学、有效。

1. 方向性原则

我们认真学习教育教学理论知识，学习国家政策方针，立足生命成长，坚持"教育：生命对生命的影响"思想引领，制定正确的教育评价指标，坚持正确导向；通过教育教学评价活动，积极营造生命对话氛围，确保学校开展的教育活动有利于学生生活幸福品质的形成、生命精彩能力的提升、使命担当精神的铸就。

2. 全面性原则

学校教育教学所包含的因素很多，如文化、管理、课程、教学、教师、学生、环境等，这些因素直接或间接地影响着学校育人效果。因此，在进行评价时，我们从实际出发，目标指向学生的生活幸福、生命精彩、使命担当，将主观与客观、主导因素和次要因素加以区别，综合考虑各个因素，科学制定较为具体全面的标准，既包含学习结果的评价，又包含品质、能力、精神等过程性评价。

在评价过程中，我们会听取多方面的意见和反映，努力实现客观、全面的评价。例如，我们对学生发展的评价就是全方位考核学生的表现，综合考量学生的思想意识、道德行为、日常表现，努力做到具体、准确、全面。

3. 指导性原则

评价是为了改进和提升工作，因而，我们坚持指导性原则，利用评价对学校教育教学各方面工作进行指引，形成"指导—评价—指导"的良性循环结构，以提升评价的效度。我们构建基于"生命成长"的评价体系，目的是通过对各项成绩的考核，对教育教学各方面的工作进行分析、评估，及时发现问题，提供指导意见。例如，对学生在学习、成长过程中出现的各类问题，我们及时给予指导，在提高学生成绩的同时，也促进了其综合素质的发展。再如，课堂教学评价作为促进教学相长的一种手段，其最终的目的是通过反馈，对教育教学进行指导，以提升教育教学的质量。

4. 发展性原则

淮滨高中基于"生命成长"的多维立体评价的发展性原则，强调评价由重学生学业成绩转变为重学生全面发展和主体性发展，强调课堂教学、生命对话是促进学生建构知识和意义、培养学生习惯和品质、提升学生素养和能力、铸造学生理想与信念的主渠道和主阵地。

我们所开展的教育"对话"不仅注重学生学习成绩的提高，更注重学生综合素质的培养和其生命的成长。我们对学生进行多维立体评价，对标学生的关键能力、核心素养、思想价值观，旨在促进学生全面和谐发展，这对于学生的未来具有更长远的意义。

二、基于"生命对话"运用多维评价方式

评价的目的在于促进发展而不是区分优劣。淮滨高中基于"生命对话"目标引领，以尊重评价客体为前提，以客观全面为原则，运用多维评价方式，对学校教育教学各方面进行评价。我们要求评价主体参与学校教育活动，并注重主体间的沟通。在进行定量评价时，评价主体要注重考查对概念的理解、思想方法的掌握、思考的深度以及建模的能力等；在进行定性评价时，要采用激励性语言，全面客观地表述真实情况和改进的建议。此外，评价主体还要注重现代教育技术手段在评价中的应用。

淮滨高中基于"生命对话"的多维评价方式，包含评价时间、评价主体和评价手段三个维度。

（一）评价时间

适时而评，则效果倍增。在"对话教学"过程中，我们要求教师高度关注学生的想法、情绪与行为，要能够把握好评价时间，运用不同的评价方式，充分发挥评价的启发、激励和点化的作用，以提升教育教学的效果。

1. 即时评价

即时评价具有及时、直接的特点。我们坚持新课程倡导的"立足过程，促进发展"教学理念，采取即时评价，使之能够以直接、快捷的方式发挥导向、监控、纠偏等作用，使师生产生深刻的印象，以有效促进教学能力与学习能力的提高。即时评价注重教学活动对学生的影响不仅要体现在学生学习效果的提升上，更要体现在对学生活动参与、课堂交流、学习自主性、学习积极性、学习动力、学习能力等的促进上。

例如，评价课堂教学活动，要注重考核师生采用语言或非语言的形式对来源于同伴的信息作出的回应，是否给予其信心，是否深化其思维；教师能否有效促进学生主动思考、深度参与课堂，增加师生对话、交流与互动，以提高学生的思辨能力、评价能力。

2. 日常评价

日常评价看似"日常",但在促进学生生命成长中非常具有力量,因为它自然而然地融入学生的日常生活和发展之中,能起到一种浸润、启发和点化的作用,能够在点点滴滴中催发学生对生命价值和意义的领悟,从而聚沙成塔,使生命提升在一个个"日常"中。淮滨高中基于"生命成长"的多维评价,把学生的日常评价作为重要的评价方式,强调要借助日常观察,积累丰富的发展评价信息。在运用日常评价时,我们引领师生积极转变观念,树立科学的评价观,将"生命影响""生命对话"等理念渗透到教育教学活动中,创设良好的"对话"环境,营造浓厚的"对话"氛围,给予学生明确的导向,促进学生进行积极的自我评价,培养健全的人格,促进学生身心全面发展。

例如,在教学的常态下,教师作为评价主体之一,要增强日常评价意识,要对学生这一节课或这一次活动的参与、表现、成果等作出具体的评价,这样更能关注到学生品质、能力和精神等动态生成的资源,更能客观评价一个学生的综合表现。同时,我们引导学生积极体验日常性评价,评判自己对知识、技能的掌握程度,促进学生在学习过程中的自我调控,激励学生的行为向更好的方向发展。

3. 定期评价

定期评价是以一个周期为单位开展的评价,如一个月、一个学期、一个学年、一个学段等。相对于即时评价和日常评价,定期评价的周期更长,拥有的信息资源更加丰富。这种终结性评价能够对评价对象产生非常集中的教育效应。基于促进"生命对话"的评价导向,我们在进行月末评价、期末评价、年末评价等评价时,强调定期评价与日常评价相结合,汇聚生命发展过程中零散的信息和资源,对师生"对话"中所展现的基本知识、态度和能力进行综合分析,对教学的质量和效果进行量化考评,对师生的综合素质进行全面评估。

例如,在对教师的专业能力考核中,我们强调教师要转变角色,要由传统的信息提供者和知识传授者向学生学习任务的设计者和辅导者转变。对教师专业发展的评价，我们注重考核教师能否围绕教学的重点设计教学活动，能否创造通过"对话"解决问题的学习环境，能否组织、引领学生通过"对话"达成知识意义的自我建构，能否在"对话"过程中适时进行调控，以帮助学生树立信心、保持积极的参与意识，在和谐的氛围中获得知识与能力的提升。

（二）评价主体

实现评价主体多元化能够使我们多视角地审视学校教育教学各方面工作，评价结果会更为客观、全面，对我们进一步诊断现状、发现问题、指导改进具有重要的意义。基于"教育：生命对生命的影响"教育思想，我们不是把评价当作一种结果，而是作为教育教学相关各方共同参与、相互支持、密切合作、生命相融的过程。

我们坚持"以人为本"的教育教学理念，运用多维评价方式，将管理性评价、奖惩性评价、静止性评价转化为发展性评价，强调自评与他评相结合，让学校、教师、学生、家长等共同参与评价，使被评者能够通过多种渠道获得反馈信息，更好地反思和改进自己的工作和学习。

1. 自我评价

一切教育本质上都是自我教育，而自我评价是自我教育的重要条件，是生命发展中自我发现、自我教育的过程。我认为，自我评价是一种人与自我生命的"对话"，通过"对话"，我们全面审视自己，对自己的思想、愿望、行为和个性特点有深刻的理解并作出客观判断，这对于一个人的成长具有不可替代的作用。

（1）教师的自我评价

每学期教师要结合教师业绩考核细则，对自己进行评价。这种评价能够让教师客观全面地认识自己，了解自己的优缺点，为自身教学能力的提高和专业素质的发展找到努力方向。教师自我评价侧重于工作业绩、教学反思、发展目标三方面内容。教师通过自评正确认识自我，由自信、自明达到自觉。

（2）学生的自我评价

我们日常开展的学生自评分为两种：一种是在进行生涯规划时，学生结合测评结果自我评估；另一种是每学期开学初，学生要给自己写一份评语，分析一下目前的自己有哪些优势，有哪些好的习惯，还有哪些需要改进的地方，计划以什么途径或方法进行提升。到学期末，学生再结合自己本学期以来的行为和结果，对自己的成绩、能力、品格等进行总结评价。

2. 他人评价

教育是生命对生命的影响，在人与人的交流互动中，他人评价是最直白的生命"对话"，是对个人最直接的"影响"，也是我们认识自己的一面镜子。理性对待他人的评价，有助于客观全面审视自己，汲取利于自己发展的力量，促进自身生命的全面发展。

（1）学生对教师的评价

我们定期开展"我最喜欢的老师"评选活动和学生问卷调查活动，以此促进学生与教师在情感上、心灵上的碰撞与沟通，激励师生建立平等、民主、和谐的关系。

（2）家长对教师的评价

学校适时召开学生家长会，征求家长对学校、教师工作的意见和建议，及时梳理家长意见，并以适当的形式反馈给教师，以促进教师反思、改进自己的教育教学工作。

（3）教师对学生的评价

我们引导教师从学生主体性的体现、参与程度和态度、体验的深度、相互协作的情况以及资料收集整理等方面对学生的学习活动进行评价。评价形式灵活多样，如可采取评语的方式评价，也可采用等级评定。

（4）家长对学生的评价

知子女者莫过于父母。家长结合学生在家的表现定期对学生进行评价，一方面为全面评价学生提供了更为丰富的资源，另一方面也带动家长关注学生的行为，有助于家校形成合力，共同促进学生成长。

3. 学校评价

学校评价包括对学生的评价和对教师的评价。一方面，我们构建学生综合评价体系，创造性地开展高中学生综合素质评价工作，以学生的成长和发展为中心，在课业成绩、小组合作、实践活动、创新能力、品德修养等方面开展多元评价。另一方面，我们对教师的"师德""师能"和"师识"进行综合评价，分解各项指标，研制具体标准，通过定量分析和定性分析，最后形成综合性报告。

（三）评价手段

评价手段的多样化有助于我们积累原始评价素材，以增强评价的真实性、全面性和客观性。为发挥生命对生命的影响，促进生命与生命的对话，我们把学校培养目标——"培养具有生活幸福品质、生命精彩能力、使命担当精神的德智体美劳全面发展的社会主义建设者与接班人"作为评价的核心和关键。我们通过对师生日常教学行为的考察来防止实际活动与教育目标的偏离，通过信息的反馈来促进我们的教育教学活动更加准确地指向我们的学校培养目标。

1. 采用多元化评价方法

随着教育评价的价值取向从主观主义、科学主义到人文主义的演变，教育评价方法和手段也不断得到发展和创新。基于"教育：生命对生命的影响"教育思想，我们针对不同的评价对象和评价内容采用不同的评价方法，目的是对师生的教与学作出定量与定性相结合的科学评价，有效促进师生的生命发展。基于对话教学原则，我们除了采用一般的访谈法、调查法、测验法、观察法之外，还着重运用以下三种评价方法。

（1）展示性评价

我们开展的展示性评价以师生教学活动的过程与结果为评价对象，以在教与学的活动中所形成的教师的教学成果和学生的学习成果为评价内容，以各类成果的展示为主要形式。这种评价方法虽然没有定性而统一的评价标准，但可以把被评者的特点和长处充分地展示出来。

对教师教学成果的展示性评价，书面形式的有"精品课集""教学随笔集""科研成果集""学术论文集""优秀教案集""教研组风采展示""国学经典笔记"等，非书面形式的有"课堂教学目标的设定""板书设计""教学语言""信息技术""教学策略"等。

对学生学习成果的展示性评价，书面形式的有"学生优秀作文集""创客风采录""优秀演讲实录""学生艺术作品精选集"等，非书面形式的有"超强记忆力""计算力""口语表达能力""沟通能力""创新力""审美力""身体素质"等。

（2）表现性评价

表现性评价需要通过完成实际任务来表现知识和技能成就。我们采用表现性评价旨在突出对教学活动、能力形成、素养提升等过程的评价，运用真实的任务或模拟的练习来引发学生的真实反应，按照一定的标准进行观测、评估。我们考查知识、技能、综合素养等是基于"生命"、指向"影响"、促进"对话"。表现性评价能够多方位、真实地展现一个人的综合能力。

对教师的表现性评价，主要体现在主题课堂展示、学科实验演示、教育科研项目三个方面，如在主题课堂展示中，考查教师完成所布置的主题任务所用到的学科知识、教学技能和教育智慧等；在学科实验演示中，考查教师完成实验教学任务所需要的设计能力、规范意识和启示性语言等；在教育科研项目中，考查教师完成课题研究所具备的精神和素养等。

对学生的表现性评价，是让学生在真实或模拟的生活环境中，运用之前所获得的知识去解决某个问题，主要体现在社会实践活动、创新创意活动、研究性学习活动等方面。例如，开展社会实践活动，考查学生在对环境调查、研究的过程中所涉及的观察能力、思考能力和实践能力等；开展创新创意活动，考查学生的创新思维、跨学科知识融合和动手能力等；开展研究性学习活动，考查学生的问题意识、科学态度和奉献精神等。

（3）成长记录袋评价

生命的成长发生在每时每刻，成长记录袋评价强调形成性评价，关注成长、改变历程和表现性行为，既重视结果也重视过程。我们基于"促进生命成长"的评价目标指向师生的可持续发展，努力将评价自然地渗入到学校教育教学的各种活动和各个环节之中，对师生在课程教学活动尤其是"对话"情境中展现出的兴趣、情感、意志、性格、态度及心理等因素进行观察、记录、分析和评价，用数据、图片、作品等多种方式记录师生成长的轨迹，呈现师生发展的个性特点。

我们开展的"教师专业成长记录袋"评价活动坚持以师为本，以激励教师主动参与、积极反思、自觉发展为目的。淮滨高中被授予"河南省教师发展学校"称号，每位教师从入职起便建有个人成长档案，由学校教科室统一管理。教师的专业发展规划、教科研计划、学习心得、教学反思、活动记录、荣誉证书等都存放于内，这些材料有助于跟进教师的专业发展情况。

我们的学生成长记录以生为本，以学生的日常表现和成长记录为基础，注重对学生心理品质、认知发展水平等进行跟踪观察与研究。每个学期，各科教师依据教学目标与计划，有组织、有目的地帮助或指导学生收集各类活动材料及学习成果来展现其能力和进步，以便综合考查学生的素质和能力，促进学生的全面且个性发展。

2. 建立多元化评价标准

我们深知，评价标准是评价活动的核心，反映着师生的价值认识，对被评价者起着方向引领作用。教育是生命对生命的影响，每个生命都是独特的，我们的评价标准也应因人、物、情境而异。为保障学校教育教学的质量，更好地促进师生发展，我们基于实际，追求实效，实现评价标准的多元化。

在对教师成长评价中，为了给教师提供展示个性、特长的舞台，尊重他们的个性，发掘他们的潜力，我们强调评价标准的分层化，关注客观的差异性和不同需求的发展。我们从实际出发，综合考虑教师的年龄差异、学科差异，针对不同教师群体，对入格教师、合格教师、骨干教师、优秀教师、专家型教师等分别制定相应的评价标准。从新教师到成熟教师，从骨干教师到优秀教师，再突破成为专家型教师，让评价真正成为引领教师成长和走向成功的阶梯。

在对学生成长评价中，我们强调教育教学要面向全体学生，要让不同的学生充分获得适合自己的发展。教育的本体是生命，而生命都具有自身的独特性，我们认识到，制定科学、全面、合理的评价标准是有效评价学生发展的关键。因此，我们充分尊重学生的个体差异，针对不同层次、不同时期学生制定相应的评价标准。评价指向各有不同、达标的时限不统一、评价指标各有侧重，充分发挥评价的导向与激励功能，让评价更多地关注现在、面向未来，激励学生不断完善自我、超越自我。

3. 形成多元化评价策略

在"教育：生命对生命的影响"教育思想引领下，基于学校培养目标和教育价值追求，我们在学校课程建设中"以评促建"，从培养目标的视角进行评价；在课堂教学中"以评促学"，从核心素养的视角进行评价；在教师发展中"以评促教"，从生命影响的视角进行评价。我们坚持过程评价与结果评价相结合，积极探索、创新评价策略，在实施过程中采取边实施边评价、边评价边完善的方式，对师生教与学过程中的参与态度、合作能力、展示表达、实践研究、成果积累等进行评价，充分发挥了评价的诊断、指导和激励作用。

（1）以评促建——从培养目标视角评价课程建设

"以评促建"强调通过对学校课程体系构建及实施过程的评价来不断促进课程建设。课程是滋养学生生命的营养餐，是教学对话的载体，课程建设对于学校培养目标的达成具有决定性的意义。在实践中，我们以评促建，把课程评价作为课程建设的重要内容，突出课程对于学生生命成长的价值。

一是注重对"奠基学生生活幸福的品质"的评价。在评价中，我们侧重于课程之于学生优秀品质和良好心态的滋养作用，让学生学会感恩、感动和感悟。

二是注重对"助力学生生命精彩的能力"的评价。在评价中，我们侧重于课程之于学生学习品质和创新能力的培养作用，提升学生自主学习和自我发展的能力。

三是注重对"促进学生使命担当的精神"的评价。在评价中，我们侧重于课程之于学生忠诚和奉献精神的塑造作用，引领学生理想上尽心、行动上尽力、责任上尽责，无私为国、无畏担当、无悔奉献。

通过从培养目标视角对学校课程内容、学生课程学习情况、教师课程实施工作等进行评价，我们进一步构建完善了基于学生发展核心素养、旨在促进生命全面发展的学校课程体系，以确保学校培养目标的顺利达成。

（2）以评促学——从核心素养视角评价课堂教学

"以评促学"强调以学生为中心，通过评价激发学生的学习动机，引导学生的学习行为，提升学生的学习效果。众所周知，随着教育教学改革的推进，现代教学观念进一步发生了变化，我们说，课堂教学是生命与生命的对话，这种"对话"意识的产生就基于现代教学理念的更新。故而，我们充分认识到利用教学评价促进学生学习、促进学生成长的重要性，充分利用"对话"的功能，从学生发展核心素养的视角探索在课堂教学中运用恰当的评价策略，以促进学生高效学习、全面成长。

在课堂教学中，我们运用多种评价策略，挖掘学科知识中形成学生学科核心素养的相关内容：一是注重对学生人文底蕴和健康生活素养生成的评价，二是注重对学生科学精神和学习习惯养成的评价，三是注重对学生责任担当和实践创新意识形成的评价。

"以评促学"要求在课堂"对话"中，教师善于把握课堂教学的评价时机，采取多种表达形式，充分发挥评价的激励、促进、引导等作用。对于学生的精彩表现，教师要恰当肯定、激励；对于学生的困惑，要适时点拨、启发；对于学生的懈怠、偏差，要及时警示、引导。尤其是在小组合作学习、展示、互评时，教师要给学生时间、空间，善于利用评价，促进学生自主学习、合作学习，让学生在对话交流、生命交融中提升综合素养。

（3）以评促教——从生命影响视角评价对话引领

"以评促教"强调通过评价提升教师教育教学能力，促进教师的专业发展。基于"教育：生命对生命的影响"教育思想，教师是学生生命成长的重要影响者，我们坚持从生命影响视角对教师的教学活动进行评价，以实现教师在"对话"教学中给学生生命以正向的、积极的、全面的引领。

一是注重对教师教学观念的评价。教学观念是教师行动的先导，是指导教师开展教学活动的重要思想。我们的评价立足于"课堂教学是生命与生命的对话"教学观念，考查教师"影响生命"的自我意识和责任感，侧重于教师教学活动的方向性和成效性。

二是注重对教师专业能力的评价。教师的专业能力是教师开展教学活动的基础，决定着教育教学的效果。我们注重对教师进行多元评价，构建教师荣誉体系及奖励机制，建立"师德标兵""名师""学科带头人""骨干教师""科研精英""教学能手""课改先进"等各种评价标准，开展定期及不定期的评选活动，多方促进教师专业水平不断提升。

三是注重对教师实践活动的评价。我们的评价指向教师在具体实践中是否能以生命引路人的角色始终把握"提升学生核心素养""促进学生全面成长"的教学重点，并以精湛的教学艺术引领学生、促进发展；是否坚持倡导由内而外的学习，在教学活动中注重培养学生学习的主动性和积极性；是否能对学生的学习表现、学习结果、学习方法、学习习惯等作出判断，以导向性、激励性、生动性的评价，促进学生全面发展，助力学生生命成长。

三、基于"生命影响"完善多维评价机制

教育是生命对生命的影响，我们的评价从"教育延长生命长度""教

育助力生命深度""教育成就使命高度"三个维度构建符合师生生命发展的立体式评价激励机制,在评价中探索有效的实施途径,以保证评价的客观性、公平性和科学性。我认为,这对于学校实现教育价值、体现办学特色、促进师生全面与个性化发展都具有积极的意义。

(一)遵循生命成长规律制定评价指标

我们说,教育的本体是生命,而生命的成长有其特殊的发展规律,我们的教育活动必须遵循生命的成长规律,全面考虑评价内容的多样性,将过程性评价与结果性评价相结合,制定科学、系统的考核指标,建立健全评价机制,这样才能调动师生的"对话"热情、提升"影响"的成效,促进"生命"健康、和谐发展。

基于"教育:生命对生命的影响"教育思想,我们采用发展性评价方式,以促进人的发展为目标,在适当的时候淡化评价的甄别功能,重点关注人的发展过程。在对学生学习的评价中,我们侧重于对学习过程、能力形成过程、生命发展过程的跟踪评价,通过过程性的评价建立"评价—提升—评价"的动态评价机制,以激发学生学习动力,引导学生全面发展。

此外,在对学生学业成绩进行评价时,我们不仅关注学习结果,更重视学生在学习过程中的体验和感悟,同时注重通过评价引导学生在学习的过程中发展核心素养,提升综合能力。

(二)调动一切积极因素拓宽评价途径

我认为,评价的过程也是"教育发生"的过程,教育的过程又是"生命相互影响"的过程。对人的综合素质进行评价,需要我们调动一切积极因素,开发运用多种评价工具,以拓宽评价的途径。

我们认识到评价主体的认知、态度和水平对于评价的结果具有重要的影响,因而会根据评价主体特点,开展有针对性的培训。我们把对班主任、科任教师、学生、家长等的培训作为学校评价活动的重要内容,并通过培训提升评价主体的认知和能力。在学生主体层面上,我们经常采用互动式的培训形式,通过换位思考,与学生进行情感上的互动,以化解学生的防御心理。比如，提出几个互动式、开放式的题目供学生思考，通过这些问题创造"对话"、引发讨论，启发学生对自身综合素质进行深度思考，对自己进行一个初步评价，为接下来自身的发展提供一个参考标准。这种互动式、情景化的体验更能让学生真正地认识自我，并客观、真实地评价自我。

此外，信息技术改变着生活，改变着生命，改变着教育，从根本上促进教与学的方式发生转变，学校的评价也随之发生全面而深刻的变革。因此，我们基于现代信息技术，建立网上评价系统，借助信息技术优势，对教师日常的教学、学生课堂表现等进行实时观测、分析，做到及时接收教学过程的一系列信息，并利用大数据评估教学质量和教学效果。这样，我们在对教师、学生进行评价时，就能多主体、多层次地进行考评。这种考评将大量的信息快速有效地整合并加以分类，能为评价者提供丰富全面的信息资源。

（三）健全考核工作制度，完善评价过程，规范评价行为

我们基于"生命成长"的学校教育教学评价的最终目标是通过生命的对话发挥生命的影响，以培养全面发展的人。生命的发展具有复杂的内涵，教育教学涉及的因素很多，因此，客观、科学、有效的评价绝不是一个简单的量化过程，而是需要多方的努力才能实现的。为充分发挥评价的监察、引导、激励等功能，我们需要健全考核工作制度，完善评价过程，规范评价行为。

1. 规划评价过程

我们的价值追求是"为学生的生活幸福奠基、为学生的生命精彩引航、为学生的使命担当铸魂"，教育教学活动的目的是"促进每一个学生生命全面发展"，这不是单靠某一方面的努力就可以完成的，而是需要学校各个部门的相互协调。例如，常态化的课堂评教，不能用统一的模式和标准来衡量，而是需要多部门合作才能实现。在进行具体评价操作时，教师所在的年级和教科室、教务处、政教处等相关部门要总体负责，组织人员进行定量评价。因此，对于评价主体的行为必须有合理的规划和健全的制度进行管理和约束，才能使评价结果科学、公正。

2. 科学处理数据

我们关注每一个生命的成长，尊重每一个生命的个性，重视每一个生命的价值，充分认识到评价对每一个生命的意义。我们收集的数据只有进行科学的处理，才能具有参考价值，才能保证评价结果的准确、公平、公正，才能真正发挥它的重要作用。因此，我们完善相关制度，规范数据的处理过程，要求评价小组通过调查、座谈等方法收集各个方面的信息，用数理统计和描述的方法进行信息的分析和处理，并及时对评价结果进行论证，以确保评价的客观性、全面性。

3. 及时反馈结果

评价不是为了得出某种"定论"，而是为了促进发展。基于此，我们要求评价的结果及时反馈给教师、学生，目的是让教师能及时发现自己在教学过程中存在的问题，从而进行积极的改进；让学生找准影响自己的主观和客观因素，及时调整状态，实现学习上、能力上的突破。此外，评价结果还要注意结果反馈的形式，以适当的途径、适宜的方式传递信息，让生命的"对话"彰显智慧，让生命的"影响"愉悦畅达。

4. 加强改进监督

评价是手段，是为了改进工作、提高成绩和达成目标，因此，我们重点关注评价之后的改进过程，以切实发挥评价的"促进"作用。例如，对于成绩排名靠前的优秀教师，我们让他们分析总结自己的成功经验，并与其他教师交流分享，这样既能增加他们的成就感，又能激励他们向更高的目标迈进；对于评价得分较低的教师，加强对他们教学情况的关注和调研，安排有经验的教师对他们进行有针对性的指导，通过跟踪听课，帮助其找准症结、分析原因，助其及时改进。

总之，我们基于"生命成长"的对话教学，以评价为动力，充分发挥评价在教育教学中的引导、管理和激励作用，在充满对生命的关怀与尊重的评价过程中，助力师生生命品质的不断提升，推动师生生命的全面成长。

教育，是生命对生命的影响；影响，在生命的"对话"中发生。我们以课程为"对话"的载体，培养学生发展核心素养，促进学生全面发展；以课堂为"对话"的场所，把教室打造成师生生命融合并焕发精彩的地方，把课堂教学组织成师生生命融合并精彩的活动；以评价为"对话"的动力，多元互动，引领激励，让教师真正成为学生的精神点燃者、心灵点悟者、智慧点化者。

第五章

生成：影响的长视角

教育对生命的影响是深远的、长久的、终身的。基于影响的长视角，需适应生命个体的成长规律，在丰富多彩的活动中点燃学生精神、点悟学生心灵、点化学生智慧。

顾明远先生说："教书育人在细微处，学生成长在活动中。"广义的学校教育活动指学校所开展的影响人的身心发展的各种活动，包括教学活动、实践活动、管理活动等。这里所说的"学生活动"，是指基于新课程改革核心理念但又不受具体课程标准和教材的限制，在课内外相对灵活的时间内，在学校或学生组织下所开展的旨在"生成"学生生命所需的重要品质、关键能力、综合素养、美好精神的专项系列活动。

我认为，教育的本体是生命，学生活动的重要功能就在于有效提升生命的活力、全面促进人的发展。因而，将学生活动置于恰当的地位，正确评估"活动"的作用，发掘"活动"对于学生生命成长的价值和意义，是有效开展学生活动的关键所在。

基于影响的长视角，在学校"体验中感悟、影响中生成、活动中成长"的活动理念指导下，我们从"生成"之活动目标入手，把"社团活动""创客活动""综合实践活动"作为开展学生活动的三个主要支撑点，分别统率"认识自我，生成感悟""提升能力，生成智慧""完善人格，生成精神"等主题既各有侧重又相互渗透融合的系列活动，通过在实践中不断探索，逐渐构建形成基于"生命成长"的学生特色活动体系。

第一节　社团活动：展示生命风采

随着新课程改革的深入推进，社团活动逐渐成为提高学生综合素养的重要活动形式。学生社团具有独特的育人功能，能够促进学生交流思想、切磋技艺、互相启迪、增进友谊，在丰富学校文化、培养学生能力、点燃生命亮光、展示生命风采等方面均发挥着重要作用。对处于青春期的高中生来说，高中阶段是他们掌握知识、培养能力、形成健全人格以及养成良好行为习惯的关键期，对于未来的人生发展具有奠基作用。教育，是生命对生命的影响，生命的影响无处不在。多个生命参与的社团活动是学生丰富校园生活、培养兴趣爱好、扩大求知领域、锻炼交往能力、丰富内心世界的重要方式。因此，我们在设计学生活动时，充分考虑学生身心成长所呈现出来的特性和规律，以及学生高中阶段所面临的学习及发展任务，进一步明确社团活动的目标指向。

一、形成愿景，催发生命自明

高中阶段的学生正处于成长发育的黄金时期，他们的世界观、人生观和价值观正在逐步建立和稳定。我们认识到：求知欲和探索欲强、积极性高、精力充沛、思维敏捷是这个阶段学生的共同特征。但是，他们毕竟还正处于生命的上升期，这个时候他们所掌握的知识有限，所拥有的经验不足，分析辨别能力有待锻炼提高，纯洁的心灵需要填充美好的内容。

记得一个故事：有个哲学家问他的弟子如何除掉地里的杂草，弟子们提出各种各样的办法，如用铲子铲、用火烧、撒上石灰、连根拔起……一年后，他们再次来到草地上，看到只有种上庄稼的地里没有杂草，于是他们悟出了一个道理：欲无杂草，必须种上庄稼。

丰富多彩的活动能够满足学生追本探源的心理，激发学生向美向善的热情，强化学生提升品格的意识，更重要的是，能催发学生生命自明，引领学生形成发展愿景。基于学生身心发展特征，为避免学生在纷繁复杂的世界里接触不良信息、受到负面影响，我们精心策划和组织了一系列社团活动，努力给学生的课余生活提供一个广阔美好的天地，让学生在活动中汲取正能量、传递正能量。

（一）顶层设计明意义

思想指导行动，开展高质量的活动离不开高站位的思想引领。我们注重做好学生社团活动的顶层设计，明确活动的目的和意义，使各类社团活动能够立足活动旨要，引领学生开阔眼界、提升技能，让学生鲜活的生命在生动的活动中得以成长。一方面，我们通过开展活动提升学生的综合素养，培养学生的表达、组织、沟通、合作等能力；另一方面，我们积极推进学生德育工作，培养学生健康、积极、向上的良好心态，陶冶学生高尚情操，提高学生思想政治觉悟。活动结束后，我们要求组织者对标活动方案，及时总结活动成果，扩大活动辐射作用，强化活动意义。

（二）彰显风采立目标

教育的本体是生命，生命则是一种不断的"生成"。生命的美好就体现在每个人的创造和生成中，这种美好展现出来，能够给自己以自信，能够给他人以享受。我们开展的各种社团活动就是学生彰显生命风采的舞台，活动的目标就是让学生在活动中展示旺盛的生命，形成优良的品德，成为具有生活幸福品质的人。因此，我们通过充分开发学校和地方特色活动资源，灵活构建相互影响的生命场域，让生命的灵感在这里迸发，让有趣的灵魂在这里相遇，让学生在活动中获取知识、提升能力、完善人格。

（三）开展活动遵原则

为保证社团活动的目标顺利达成，我们制定了社团活动的基本原则。一是活动组织规范化。社团活动有明确的活动方案及管理细则，以保证每个主题活动的计划性、有序性和规范性，确保活动开展有章可循、有规可依。二是技能训练扎实化。我们给予学生充分的自主选择权，根据学生的爱好和个性特长让其自主选择，采取"普及—提高—再普及—再提高"的方式，强化特长生的训练培养；在成绩"优秀"上深入钻研，在品质"卓越"上构建特色，关注梯队建设，以团队带动个人，强化团队融合，使社团活动的教育力量纵深灌注。三是特色活动常态化。我们根据学生成长需求适时开展不同类别的活动，如定期举办校园文化系列艺术节活动、创新科技展览、文艺晚会会演等。四是活动成果社会化。我们积极为学生提供展示自我才能的舞台，使他们深入社区，走向社会，提升自己，惠及他人。

二、规范管理，绽放生命活力

基于"教育：生命对生命的影响"教育思想，我们立足"生命"、关注"生成"、追求"生长"。淮滨高中先后组建了65个社团，有多个社团获得省市县级"优秀社团"荣誉称号。我们坚持推动学生社团的健康发展，规范学生社团工作，培养有素质、有纪律、有思想的社团队伍，使学生在形式多样的社团活动中体验生活、感悟生命、砥砺成长。

（一）基于"生命"需求组建学生社团

学生社团是校园文化的重要载体，是学校第二课堂的重要组成部分。社团活动是丰富学生校园生活、培养学生兴趣爱好、扩大学生求知领域的重要方式。我们立足学情，基于学生成长需求，大力开展丰富多彩的社团活动，给学生创造一片属于自己的天空，使学生能够充分发挥自己的兴趣爱好和个性特长，在活动中展示，在活动中生成，在活动中提升，从而达到培养创新实践人才和实现立德树人、全面发展的目的。

1. 明确学生社团发展总体思路

在"教育：生命对生命的影响"思想引领下，校团委统一负责、承担学生社团的日常指导、管理工作。发展学生社团的总体工作思路是确定社团工作目标，即以社团为载体，营造优良学风、活跃校园文化、促进学生全面发展；通过研究、把握社团的发展规律，有效指导社团建设；通过合理规划，精心组织，科学指导社团健康发展；通过制定针对性和前瞻性的管理制度，规范管理社团；通过推动社团特色发展，充分发挥社团活动在培养学生综合素质中的特有功能，激发学生自我管理、自我发展的内驱力，助力学生生命成长。

2. 建立学生社团创建审核机制

校团委组织召开答辩论证会，申请组建的社团要根据前期学生意向的反馈阐明组建社团的必要性，并对以下内容进行陈述：即将组建的社团是基于学生哪方面的内在需求？社团成立后将开展什么样的活动？如何开展活动？活动会给同学们带来什么样的体验？怎样确保活动的有效性？通过学校审核的社团方能正式组建并开展活动。

3. 严格规范管理，完善评价机制

根据《淮滨高中社团管理章程》《淮滨高中社团评价标准》《淮滨高中社团活动计划》等相关要求，我们对社团建设进行指导和管理，规范社团活动开展，同时为精品社团、优秀社团的评选和表彰提供评价依据。我们还定期召开社团指导教师培训会，进一步调配资源、理顺关系、明确权责，以社团指导教师为责任主体，全面负责本社团的指导和培养工作。同时，我们在指导教师的全面参与下，适时召开社团学生干部培训会，加强社团骨干的培训，发挥学生干部的主观能动性及其引领作用，丰富活动内涵，提升活动品质。

我们对表现优秀的社团进行表彰，颁发优秀社团证书，推荐其参加更高级别的社团评选活动，通过此类评价，激励所有的社团积极提升，凸显各自的特色。

（二）基于"生成"目标丰富活动内容

让"影响"发生在交流时，让"生命"成长在活动中。我们基于"生成"目标积极创造条件，努力开展一系列内涵深刻、格调高雅、价值独特的活动，营造全校社团百花竞妍、各展风采的良好氛围。各具特色的学生社团活动为年轻的生命提供了多种展示舞台，精彩纷呈的社团活动让学生全面彰显生命的色彩、肆意挥洒青春的活力，体验着快乐，收获着知识，提升着能力，增长着智慧。我相信，这种不同于课堂教学的另一种"生成"，对于参与其中的每个生命的当下成长和未来发展都有着深远的影响。

每一个社团、每一场活动都是一个立体多维的生命场，在这些充满活力的生命场中，社团成员们相互碰撞、彼此影响，在成长中书写着一个又一个精彩故事。

1. 激情飞扬的社团健体活动绽放学生的生命活力

基于"彰显生命活力，促进生命成长"的目标指向，学校组建的体育运动类社团目前共有16个。此类社团把具有共同体育爱好的学生组织起来，他们的活动内容与日常体育教学内容不同，活动组织的形式灵活多样，同学们在激情四射的社团活动中参与竞技，强健体魄，挥洒汗水，胜不骄、败不馁，彰显旺盛的生命活力。

著名教育家张伯苓曾说："不懂体育者，不可以当校长。"可见其对体育的重视。体育运动类社团作为学校社团组织的一个重要组成部分，它们的健康持续发展有利于营造学校体育教育氛围，丰富学校体育教育形式，增进学生身心健康，培养学生团队合作精神，彰显学生旺盛的生命力。

2. 多姿多彩的文化艺术社团活动展示学生的生命风采

我一向认为，文化的"生成"是一个人生命成长的重要体现。淮滨高中文化艺术类社团由富有艺术特长或浓厚艺术兴趣的学生自发组建而成，是孩子们进行艺术实践、开展艺术活动的重要途径，也是他们充分展示艺术才华的平台。我们通过此类社团活动快速发现学生特长，挖掘学生潜能，在对学生进行个性化培养方面起到了重要的作用。

3. 特色鲜明的主题活动丰富学生的生命内涵

我们所开展的主题活动不同于一般的社团活动,它首先要有一个明确的活动主题,各个社团的活动以及各个活动的内容都要围绕主题进行。学校开展主题活动时,对活动主题的确定是从学生的成长需要出发,立足当前实际,兼具时代特色,突出活动的目的和教育意义,让学生通过参与社团主题活动,提升认识,陶冶情感,拓展能力,全面达成主题活动所预设的目标。

此外,学校还开展了手脑并用的科技社团活动、润泽生命成长的美劳活动等,让学生在丰富多彩的活动中生活和学习,感知生命魅力,绽放生命精彩,丰富生命内涵,提升生命智慧,升华生命境界。

(三)基于"生长"目标创新管理策略

基于"以活动助成长,以活动促自觉"的学生发展理念,一直以来,淮滨高中学生社团活动都承载着独特的育人功能,发挥着对于学生生命成长不可替代的作用,呈现出生机勃勃的发展态势。同时,在开展系列活动实践过程中,我们也通过探索形成了独具特色的实施和管理策略。

1. 注重与学校价值追求高度契合

学生社团的重要功能在于以不同形式、不同内容的活动塑造学生良好人格,提升学生核心素养。基于"教育:生命对生命的影响"教育思想,我们以"为生活幸福奠基、为生命精彩引航、为使命担当铸魂"作为学校价值追求,引领和指导学生社团开展工作,激励社团用积极向上的力量影响学生,组织开展活动要指向良好品德和行为习惯的养成,使学生能够在多姿多彩的活动中不断充盈自己,获得全面成长,成为具有生活幸福品质、生命精彩能力、使命担当精神的时代新人。

2. 注重让志趣相投的生命深度融合

在社团工作中,我们始终不忘"让生命影响生命"的初心,始终立足"促进生命成长"的活动目标,坚持以人为本,组建团队考虑每个成员的特点、兴趣和优势,开展活动关注每个学生的感受、期待和收获,充分发挥每个学生的主观能动性，努力让活动内容与个人的爱好特长融合，让有共同爱好的生命融合，让学生在活动中展示、体验，在活动中学习、借鉴，在活动中互动、协作，在活动中生成、生长，让生命在有意义的活动中变得更加有意义。

3. 同其他优秀社团开展广泛协作

我们评价学生社团活动的成效，不是局限于提高学生某一方面的知识或技能，而是重点考核是否能全面拓宽学生的视野，挖掘学生的潜能，锻炼学生的思维，铸造学生的精神。这个时代，是信息交流的时代，若局限于一隅，势必会影响学生的整体格局和综合发展，我们不能让学生闭门造车，成为井底之蛙。因此，我们努力创造条件，引导学生社团不仅加强与校内其他社团之间的联系与合作，还积极与校外其他社团进行合作与交流，联合开展多种多样的活动，走进社区，走向社会，让学生在活动中丰富体验，增加阅历，塑造正确观念，生成优良品质。

在社团活动中，学生通过亲身参与和实践，挖掘自身潜力，获得快速提升；在社团活动中，学生逐步建立与自我未来发展相协调的包括职业自我在内的自我概念，并将其转化为实际的选择与生活方式，这在一定程度上有助于个体的生涯规划初步定位。

教育的本质归根结底是个体的社会化过程，教育的目的是促进人的全面发展。学生社团活动提供一个个契机，使学生能够接触、了解书本以外的世界，能够与更多、更专业的生命携手同行。学生社团活动是锻炼学生的创新思维，培养学生的合作意识，激发学生自我成长的积极性和主动性的有效策略，也是让理论上的思想教育付诸实践并进行验证，以推动"让学生成长在活动中"理念向纵深发展的重要途径。

三、丰富成果，树立生命自信

通过常态化开展系列格调高雅、内涵丰富、价值独特的活动，淮滨高中形成了学生社团百花竞妍、各展风采的良好氛围，提升了校园的动态文化底蕴。每一个社团、每一场社团活动都是立体多维影响的生命场，在这样以兴趣为基础的充满活力的生命场，孩子们的生命相互影响，相互碰撞，书写青春精彩而美好的故事。

社团活动的开展，助力学生不断丰富知识，提升能力，获得感悟，增长智慧，充满活力，茁壮成长，培养出一批批具备自主意识、实践能力和创新精神的学生，也凝聚了一支能力强、觉悟高的社团指导教师队伍，师生的生命都得以全面成长。

（一）培养领导能力

学生社团的自主管理形式培养了学生的主人翁意识，提升了学生的领导力。基于"成长自觉"的学生发展理念，每一个社团原则上都进行自我管理和发展，从社团的组建成立，制定规章制度、活动章程，到活动内容的确定、活动的开展，均由社团自主规划、自主实施。在活动中，社团成员不仅要学会与他人协商沟通，还要学会如何更高效、更有意义地组织和开展活动，从而提高了自身的领导能力和自主管理能力。我相信，这些在社团活动中崭露头角的学生日后定能堪当大任，他们未来的发展令人期待。事实上，从淮滨高中走出去的优秀学子，很多已经在高校的学习中、在各行各业的工作岗位上展现出令人欣喜的领导才能。

（二）形成团队精神

我们的社团活动注重发挥学生的主体地位，以自主策划、自主开展的形式培养了学生的合作意识和团队精神。在活动中，他们不仅获取了知识，提升了能力，而且在解决问题的过程中，学会了沟通协作，增强了合作意识，树立了团队精神。有人说，如今不仅是大鱼吃小鱼的时代，更是群鱼吃大鱼的时代。这话听起来有些尖锐，不过确实表达出了团队的重要性。一个人可以走得很快，但一群人才能走得更远。我相信，通过活动培养的团队精神对于学生的自身成长和未来发展一定会有积极的影响。

（三）提升综合素养

学生社团是由学生自发组织的非正式集体活动的"第二课堂"，它给学生带来了发展的机遇，也给我们的教育教学注入了生机。以共同的爱好和兴趣组建各类社团，大大激发了学生的积极性和创造性。多样性的社团活动形式给学生提供了生命成长的契机和平台，通过团队交流合作、上下统筹安排，在碰撞交流过程中凸显了学校社团"竞争、团结、积极、向上"的文化特色。社团开展的丰富多彩的活动，不仅提高了学生的认知水平，更让学生充分展现了热情、兴趣、智慧，学会了理解和支持，积极创造和创新，大胆组织和领导，善于沟通和协调，从而全面提升了自身的综合素养。

马克思认为人的发展应该是自由而全面的发展。所谓"全面发展"，是指受教育者个体在德、智、体、美、劳诸方面都得到发展。学生的成长取决于综合因素，但最根本的要素是促其发展的内在动力，是基于兴趣的学习与探究。兴趣爱好是推动人们成才的起点，也是推动学生进行学习活动的内在动力。学生的成长需要我们充分调动其积极主动性，需要让他们体验到快乐与幸福。

苏霍姆林斯基在他的《育人三部曲》中说过一句话："教育——这首先是人学。"对于"人学"，他是这样解释的："不了解孩子，不了解他的智力发展以及他的思维、兴趣、爱好、才能、禀赋、倾向，就谈不上教育。"所以，任何时候，我们都不能忘记：教育是基于"人"、为了"人"的事业，教育的本体是生命，教育的最终目的是促进人的全面成长。我们开展社团活动是通过生命对生命的影响，让活动的主体——学生在活动中生动活泼、自主自觉地成长，让越来越多的学生在社团活动中丰富知识、提升能力、增长智慧，"生成"更优良的品格、更远大的志向、更坚定的精神，从而更自信地迎接未来、创造未来。

第二节　创客活动：开启生命智慧

华罗庚说过："人之可贵在于能创造性地思维。"创新是一个民族进步的灵魂，激发学生的创新意识，点燃学生的创新精神，培养学生的创新思维是当前教育的重要内容。当今，世界各国都十分重视青少年的创新教育，注重培养学生的科学技术新思维，提升学生的创新与实践能力。在"教育：生命对生命的影响"教育思想引领下，我们秉承"为生活幸福奠基，为生命精彩引航，为使命担当铸魂"的学校价值追求，积极探索开展学校创客教育活动，将其作为学生活动的主要内容之一。为培育创新精神，培植创新基因，培养创新能力，实现"学以致用、用以生成"，学校以创客空间为依托，组建创客教师团队，构建创客课程，开展创客活动，开启生命智慧，助力创新人才培养。

一、立足现实，植入创新理念

教育需要智慧，需要先进的理念引领、扎实的实践推动。我们深知创新是历史进步的动力、时代发展的关键，然而，创新并非凭空而生、望风而长，它需要有适宜扎根和生长的土壤，需要我们营造氛围、整合资源、发掘优势，通过开展各种教育活动去植入和培育、激发和保护。基于"教育：生命对生命的影响"教育思想，我们首先立足现实需要，努力在每一个生命体内植入创新理念，并在活动中实现对生命的点燃、点悟和点化，在活动中培养智慧卓越、生命精彩的时代新人。

（一）立足时代背景

时代是青年发展的最宝贵沃土，我们开展创客教育活动首先基于"大众创业，万众创新"的时代背景。

创新是一个国家兴旺发达的不竭动力，当今世界各国国力的竞争，最终是科技实力的竞争和人才的竞争，创造、创新从未如此重要。自2014年李克强提出"大众创业，万众创新"理念后，旨在改变传统人才培养模式的创客教育受到人们的广泛关注。教育部《教育信息化"十三五"规划》明确提出："有条件的地区要积极探索信息技术在'众创空间'、跨学科学习（STEAM教育）、创客教育等新的教育模式中的应用，着力提升学生的信息素养、创新意识和创新能力，养成数字化学习习惯，促进学生的全面发展，发挥信息化面向未来培养高素质人才的支撑引领作用。"

为社会输送大量高素质创新型人才，有利于我国在未来的产业竞争和新技术革命方面抢占制高点，获得长期发展的动力。淮滨高中开展创客教育，组织创客活动，点燃创造精神，点化生命智慧，培养具有学习能力和创新实践精神的人，正顺应了当今社会的发展需要。

（二）基于学生认知

教育的本体是生命，我们开展任何教育活动都须基于学生的身心发展和认知发展特征。

我们认识到：一方面，淮滨县地处豫东南，经济相对落后，限于乡村学校优质教育资源的相对匮乏，与一线城市的孩子相比，我们的学生知识结构比较单一，对未来社会科技发展的方向与趋势了解不多。我们大力推进创客教育，积极开展创客活动，推进教育公平，让生长在经济发展相对落后的县域里的孩子也能接触前沿知识，接受优质、先进的教育。另一方面，在认知发展上，我们的学生和所有高中生一样，其抽象逻辑思维的发展正趋向成熟，个人的职业偏好取向初步形成。学校开展的创客教育活动能够点燃他们对科学的兴趣，培养他们的创新精神，激励他们通过物理、化学、生物等自然科学以及社会科学的学习，自主开展科学探究活动，培养和提升批判性、分析性思维，探索解决问题的方法和途径。

我们开展的创客教育活动是基于学生认知特征，指向学生生命成长，满足学生的发展需求。一方面，学生通过自己动脑、动手，在学中做、在做中学，增强了对科技创新活动的兴趣，调动了学习积极性；另一方面，在活动中取得的看得见、摸得着的成果，也不断给小创客们带来成就感、幸福感，增强了他们自我成长、自我超越的动力，提升了他们对自身生命价值的期待与认同。

（三）结合学校发展

学生活动的开展既要基于学校现实，又要面向学校未来，二者紧密结合，才能让创新理念落地生根，促进学生生命蓬勃发展。

新时代是信息时代，是创新人才发展的时代。未来已来，未来学校的培养目标是什么？学习方式、学校形态、教师队伍会如何变化？教育部学校规划建设发展中心在"未来学校研究与实验计划"中，总结了"未来学校"的六大特征：①绿色、智能和泛在互联的基础设施；②集成、智慧、因变的新学习场景；③灵巧学习及创新的赋能场；④开放融合的学习生态；⑤创新的知识和信息网络拓扑结构；⑥人工智能融合的教室——课程智慧系统。由此可见，学习方式的理论与实践创新是未来学校发展的关键支柱。县域学校实施创客教育，开展创客活动，有助于更新学校教师的教育教学观念，推动学校课程和教学方式的变革，更有助于丰富学生的认知思维，拓宽学生的视野。

当前淮滨高中正处于第三个历史发展时期——特色与创新发展时期，在"教育：生命对生命的影响"教育思想引领下，我们着力推进九大工程建设，坚定地走特色发展之路。基于创新型人才培养的创客教育实践与未来学校的六大特征紧密相连，紧扣未来学校发展趋势。我们本着"育人为本、促进成长"的活动宗旨实施创客教育，开发基于创新型人才培养的学校创客教育课程，营造基于人才培养的学校创新文化氛围，开展基于发展学生创新能力的创客活动，正是立足学校现在、走向学校未来的重要举措。

二、着眼特色，营造创新氛围

创客教育是随着近几年社会、科技和文化的迅速发展而形成、兴起的。自2005年起，我们就已经开始了探索创新教育之路。2006年，学校每年把学生动手动脑做出来的"小发明"集中展示；2009年新校区搬迁时，学校预留了创新实验区；2014年，当创客教育对于很多人来说还是一个全新概念时，我们已经到前沿地区进行了多次考察、反复论证；2016年，我们建设了河南省较为领先的创客空间——淮滨高中未来教室；2018年，学校完成了创客空间二期工程——未来空间；2021年，学校又对未来空间进行了升级改造，构建形成了开放式创客活动空间。

2016年以来，我们根据学校创客教育课程规划及年度创客教育活动计划，构建基于创新型人才培养的学校创客教育课程体系，选拔基于兴趣发展和个性特长的学生创客，组建指导和引领学生创新实践的创客导师团队，通过开展一系列富有特色的创客活动，探索校园创客空间的运行与管理机制，营造浓厚的创新氛围，形成独具特色的学校创新文化。

（一）制定发展规划

教育是一种有目的地培养人的实践活动，我们在开展任何一项教育活动之前，都应基于活动的主体——学生的需求，立足学校的现实条件，预测未来，做好计划。因此，在推进学校创客教育活动之前，我们首先制定了创客教育发展规划，找准发展重点，明确发展思路。

一是确定目标。我们依据创客教育规律，结合学校实际条件制定了"三步走"战略：第一步，探索与规范期。初步掌握创客教育规律，将学校创客空间建设成市级创客教育示范性基地。第二步，提质与创新期。探索策略，拓展路径，开发创客教育校本课程，打造创客团队，开展丰富多彩的创客活动，将学校建设成省级创客教育示范校。第三步，特色与品牌期。总结经验，提炼成果，形成自己的特色与品牌，创客创新成果不断涌现，培育一批创客名师，充分发挥区域引领示范作用，将学校建设成国内知名创客教育学校。

二是优化环境。马克思曾经说过："人创造环境，同样环境也创造人。"要想让创客教育创新活动得到良好有序的发展，必须创设有利于其发展的学校环境。为此，我们积极探索，最终形成了融课堂、社团、实验室、创客空间为一体的立体多元的创客教育环境，为学校创客教育活动的良性发展提供了根本性保障。

三是规范实施。我们强调活动的过程性，关注结果的生成性。为此，我们建章立制，规范管理，以保障学校创客教育活动的课程化和系列化。例如，我们实施"四固两评一促"策略——根据不同创客群体构建相应的创客教育课程，根据课程内容制定课程表和活动日程表，确定固定教师和固定学生在固定时间围绕固定内容上课或开展活动，引导师生互评，促进创客教育活动效果的持续提升。这样既能发挥"活动"本身所具有的灵活性，也规范了创客教育教学的实施过程，使创客活动向常态化、高效化发展。

（二）构建课程体系

在"教育：生命对生命的影响"教育思想及"让学生成长在活动中"理念引领下，在实地调研、深入研究、持续探索的基础上，我们研究确立"兴趣—活动—课程"的创客教育发展路径，构建了基于生命成长的"2341"创客教育课程体系，形成了具有学校特色的创客活动体系，推动创客教育实践活动从"知识层"上移到"思维层"，落实到"应用层"，提升到"创新层"。

"2"指基于提升学生动手实践能力的"手工制作"课程和基于培育学生工程思维构建的"机械搭建"课程。此类课程通过手工活动，培养学生的创新思维，使学生理解手工、工程等对人类发展的重要价值和丰富的文化内涵。

"3"指基于电子控制技术素养提升的"开源电子"课程、基于创新思维提升的"Arduino"课程和基于空间探索的"无人机航模"课程。此类课程为学生提供了相关学习平台和硬件设备，指导学生掌握制作电子控制系统的知识与技能，让学生在智能硬件和自动化控制方面得心应手，更快、更好地把创意变成产品，变成生产力，从而培养学生的创新思维、创客精神，提升学生的动手能力、应用能力、创新能力及复合型能力，增强学生的心理素质和自信心。

"4"指基于信息素养养成的"编程"课程、基于人机融合的"机器人"课程、基于创造DIY的"3D打印"课程和基于多元智能培养的"VR航天"课程。此类课程通过解决实际问题，让学生体验程序设计的基本流程，提升信息素养，增强机械技术、电子技术、控制技术、计算机技术等的综合运用能力，理解并感受人机融合的生活方式，培养学生对数学建模的高阶思维能力，使学生能够运用虚拟现实技术更好地进行探究性学习。

"1"指基于创新型人才培养的"创新创意"课程。本课程系我校创客教育实践活动的基础课程，它既是一门独立的课程，也贯穿于其他课程之中。本课程注重培养学生的观察能力、创新意识、动手能力、团队协作能力和分享意识，通过开展丰富多彩的科技创新活动，激发学生参与科技创新活动的浓厚兴趣，提高他们的动手和动脑能力，启迪他们的创造性思维，提高学生爱科学、学科学、用科学的兴趣与热情，培养学生的创新精神和实践能力，在广大学生中营造崇尚科学、勇于实践、乐于创新的良好氛围，推动素质教育实施水平整体提升。

课程是生命对话的载体，是滋养学生生命、达成学校培养目标的核心，是促进生命不断生成的基础。我们探索构建的创客教育活动课程体系完整，目标指向学生的生命成长，内容符合学生的实际需求，对于提升学生的创新能力和生成生命智慧发挥着积极的作用，彰显出独特的育人价值。

（三）组建导师团队

我国著名教育家、曾任清华大学校长的梅贻琦先生说："所谓大学者，非谓有大楼之谓也，有大师之谓也。"美国著名教育家、哈佛大学前校长科南特也认为："学校的荣誉不在于它的校舍和人数，而在于它一代一代教师的质量，一所学校要站得住，教师一定要出色。"可见，高水平的师资队伍是培养更多优秀人才必不可少的因素。"工欲善其事，必先利其器"，摆在我们面前的首要任务就是要组建一个"高效、创新、务实、奋进"的创客导师团队。

为扎实有效地开展学校创客教育活动，淮滨高中创客空间通过多种渠道，组建了一支涵盖8个学科共计56人的创客教师队伍，研究领域包括手工制作、创新发明、人工智能、WER工程、3D打印、动漫制作、动画制作、手工制作及剪纸、开源电子、VR航天、ARDUINO、机械搭建、编程、足球、篮球机器人、无人机等十几大板块。

教师是学生创新思维的引路人，是学生生命成长的影响者。对于创新教育，闭门造车无异于竭泽而渔，只有立足时代、胸怀世界，才能拓宽视野、坚定脚步。为了更好地发展学校创新教育、更好地引领学生成长，我们坚持"走出去"，不断"引进来"，先后多批次选派创客空间骨干教师外出学习，让他们参加形式多样的科技创新活动。从北京中关村创新教育园区到广州青少年创客空间，从合肥八中到上海柴火众创，创客团队的导师们奔赴一个个可以拓宽思路、拓展思维的地方，如饥似渴地学习，不断汲取先进的经验和丰富的养分，创新思维，厘清思路，结合本校实际构建自己的理论支撑体系，探索本校创客教育的有效实践路径。同时，学校先后邀请国内著名专家和创客大师到淮滨高中介绍先进的思想理论与科学技术，与师生创客们进行现场互动交流，给予师生指导和帮助，使我校创客团队开阔了视野，增长了见识，提高了起点。

（四）凝聚学生创客

一切教育都是围绕人的发展和成长服务的。学校创客空间作为创客教育的物质载体，是以参与者为核心打造的自主学习平台，这和传统的以组织者为核心的普通教室在理念上有着本质的不同。以参与者为核心意味着知识的学习是基于学生兴趣来完成的，知识学习的主要目的是培养学生跨学科解决问题的能力、团队协作能力、创新能力以及共享精神。我们所开展的创客教育活动始终围绕着"培养学生的生活能力、学习能力和发展能力"这一目标展开，积极营造促进创新思维和创新能力培养的创客文化和创新氛围，吸引学生创客以兴趣爱好为基础，形成55个创客团队，创客人数近千人。

淮滨高中的创客空间成为学生制作作品、交流思想、共享知识和资源及项目协作的场所。在日常活动中，我们引导学生按照个人兴趣组建团队，如"手工制作组""篮球机器人队""足球机器人班""3D打印小组""VR航天班""机械搭建营""信息学奥赛队"等创客团队。为有效促进创客们的学习交流，我们把学校创客空间划分了几大区域：智能孵化区、创梦起航区、个性创造区、软件设计区、分享探究区。智能孵化区主要是利用新增的传感器与智能硬件开设智能创造方面的课程；创梦起航区主要是结合学校传统项目（航模，乐高机器人）继续开发适合我们自己小创客的课程；个性创造区主要是进行成品加工，选修课程（3D打印以及激光切割机）为学校创客社团提供一个高端探究场所；软件设计区是针对软件设计方面对学生进行思维品质训练的场地；分享探究区主要用于平时的成果演示、交流。

教育是生命对生命的影响，我们把创客们汇聚在一起，让他们在相互的协作、交流、碰撞、分享中，彼此影响；在点燃、点悟和点化中丰富创意，拓宽思路，产生思想火花，培养合作精神，提升创新能力。

三、注重体验，生成创新品格

《荀子·儒效》中说："不闻不若闻之，闻之不若见之，见之不若知之，知之不若行之。学至于行止矣。"这句话点出了"学"与"习"的关系，强调了实践和体验的重要性。我们组织学生开展创客活动，不在于能够产生多少发明创造，获得多少奖杯奖牌，而在于使学生积极参与和亲身体验，让学生在创新氛围中去感受、被激发。基于学校师生的共同价值追求——"为生活幸福奠基,为生命精彩引航,为使命担当铸魂",我们开展系列旨在丰富学生生命智慧、促进创新品格生成的创客特色活动,以有效促进学生发展,培养更多创新型人才。

(一)生成——以丰富的课程滋养

我们在开展创客教育活动过程中,强化课程建设,大力开发思维训练、实践探索等创客教育课程资源。思维训练课程通过形式多样的教学活动,运用方法论和系统论的哲学思想,培养学生观察事物现象、分析事物本质、总结事物规律的思维能力和思考习惯,使学生能够掌握创新、创造的基本方法和技能;实践探索课程以各种软件编程、智能硬件、机械机构等为载体,对学生进行全方位的实践动手能力训练。同时,我们通过多种实践活动让学生熟练使用各种仪器、设备、工具等,培养学生的科学探索精神和实践操作的基本技能。

我们把学校创客教育课程作为创客们能力提升、智慧生成的"营养餐",结合学校资源和学生需求,在综合评估的基础上积极开发创客教育活动课程,编写切实可用的校本教材,以供学生参考、选用。在每周定时定点的创客课程教学实施中,除了学生根据校本课程内容组建不同的创客兴趣小组进行学习、实践、研讨、探究外,创客指导教师还会从其中挑选部分优秀的成员组成项目小组,为其提供更多的资源,给予充分的指导,使其通过高阶训练,完成项目任务,助力学生提升创新能力,生成创新品质。

(二)生成——以丰富的活动推进

我们努力让学生在活动中体验、在活动中生成、在活动中成长,让学校创客教育的价值和意义在丰富多彩的活动中不断体现。为此,学校创客空间常态化地举行开放日、活动周、科技月、创客嘉年华、创新创意大赛以及科技创新社会实践等活动。

1. 日常活动课

教育从来就不是一蹴而就的工程,而是通过日积月累、潜移默化才能使生命的内涵不断丰富，使生命的底蕴逐渐深厚。我们坚持把创客教育落实在日常活动中，按计划开设创客活动课，学生创客团队根据各自的发展目标和学习内容，选择相关的课程资源，制订相应的活动计划，团队通常以"项目"或"研究性课题"为载体，自由组合，人数不限，在本模块课程导师的指导下，同学们自主提出问题、设定项目，自主探究，开展实践，并根据项目进程自行安排交流展示、总结评价。

2. 开放日活动

我认为，要培养学生的社会责任感，学校教育首先要有时代担当。为此，我们的创客空间一方面向全校师生开放，另一方面向区域内外中小学及社会各界开放。例如，每周二、四下午举行开放日活动，每周六、日举行创客研讨学习活动，每个开放日能接待2000人次。我们依托中原名师大讲堂与周边兄弟院校开展联谊活动，联合县青少年活动中心定期组织我县部分留守儿童参与创客体验日活动。通过开放日活动，我们让更多的人走进创客空间，接受创客文化的熏陶，通过这个窗口近距离接触科学创新，了解当今的科技进步。

3. 创新创意大赛

习近平总书记指出："知识就是力量，人才就是未来。我国要在科技创新方面走在世界前列，必须在创新实践中发现人才、在创新活动中培育人才、在创新事业中凝聚人才，必须大力培养造就规模宏大、结构合理、素质优良的创新型科技人才。"参加创新创意大赛能够激发学生的好奇心和求知欲，鼓励他们针对现实问题提出新的想法和解决方案，从而锻炼科学思维，发掘自身潜能。为此，我们以赛促教，以赛促学，以赛促优，学校除了组织创客团队参加国家、省、市等创新竞赛外，还定期在校内举办创新创意比赛及展示活动，如校园科技创新创意大赛、创客嘉年华等，用以展示创客们科技、艺术、体育、手工等各方面的创意与成果，为校园文化的构建和第二课堂的发展做出了重要的贡献。

（三）生成——以丰富的成果激励

美国著名教育家布卢姆指出："没有预料不到的成果，教学也就不成为一种艺术了。"这种成果导向教育理念尤其适合我们所开展的创客教育活动，成果本身就代表着一种能力结构，既是"生成"最集中的体现，也是"成长"最直观的体验。

在"教育：生命对生命的影响"教育思想引领下，我们积极探索"创新型人才"培养路径，加快创客教育课程群的深度开发和升级，扎实开展学校创客教育教学活动，完善创新型人才培养评价体系，创客教育取得了丰硕的成果。

1. 促进了学生的生命成长

教育的目的在于促进生命的成长，我们认为，学生的成长体现于生命自信、自明和自觉的不断生成。

其一，助力了生命自信。我们开展的创客教育活动给学生提供了一个挖掘潜能、展示才能的舞台。参与创客教育活动，学生可以和"志同道合者"一起探索科技的奥妙，感受创客空间的无限魅力和生命成长的精彩历程。

"今天是意义非凡的一天，在这个令人激动的舞台上，我们把这么长时间的努力、积淀都展现在众人面前，我们迎来了一波又一波前来参观的嘉宾，我们不停地演示自己引以为傲的发明，一遍又一遍。在这个过程中我们逐渐变得自信，讲解得越来越好。我们经历着，成长着，淬炼着！"

——学生赴佛山参加第十届国际发明展览会有感

一系列活动检验了学生的探索研究成果，促进了学生的实践性学习，给学生搭建了他们非凡青春最需要的展示平台，让学生充分体验到钻研科技的乐趣和创新创意的成就感。尤其是经历了一个个"难熬"的时刻，突破了一个个关卡之后的收获和喜悦，让他们能以更加自信和从容的姿态面对人生的各种问题和挑战。

其二，催发了生命自明正如王阳明所言："人须在事上磨，方能立得住。"人生中的许多道理、许多选择需要在具体的实践过程中领悟、明确。活动的本质特征是个体的主动参与,创客活动过程更能体现活动主体的个性创造力。生命个体的能力在某种意义上讲不是"学"出来的,而是被激发出来的。一方面,在创客活动中,生命个体的创造力、潜力、天赋、审美鉴赏力等能够得以显现;另一方面,通过活动,生命个体的潜能、资质和素养也得到进一步的发展和提升。

"选定人生远方路,坚定不移做创客。每一次评委的点评都给我们提供了突破的可能,每一位观众的询问都是我们提高的催化剂。我们在进步中逐步接近远方,未来的路还有无数可能,但经历的本身就是丰富,就是提高。通过此次活动,我深切地感悟到:最是文化能致远,最是创新促发展。"

——学生赴上海参加第四届中国(上海)国际发明创新展览会暨首届"未来发明家"国际选拔赛有感

通过参加创客创新发明等活动,学生的兴趣和特长有了发现和发展的机会,能够获取更多资源来促进自身的个性发展和特殊能力的培养。在不断的研究探索中,学生获得了成功,提高了能力,也逐渐提升了对自身价值的认识,逐步形成了自主发展的人格,从明外物到明事理再到明自我,生命达到自明状态。

"时代的发展日新月异,如今科技的发展急需大批人才。身为创客的一员,我参加了许多活动,在这期间开阔了视野,学习了其他之前没有学到的知识,培养了团队合作精神。如今国际竞争主要在科技创新领域,身为祖国的未来,我们应培养创新观念与能力,为建设祖国贡献自己的力量!"

——学生参加第十八届河南省青少年机器人竞赛暨第三届河南省青少年创客嘉年华有感

其三,促进了生命自觉。自觉意味着对主体价值的肯定和对个体生命的不断超越。有学生说,创客是一群会"玩"的人。玩的是一种状态,放松、惬意又自由；玩的是一种实践，动手又动脑；玩的是一种分享，与伙伴们在一起，有趣又有意义；玩的是一种境界，想着如何改变生活甚至世界。我想，创客教育最大的价值在于通过活动激发了学生的积极性、主动性，培养了学生的想象力、创造力，锻炼了学生的人际交往能力和动手实践能力，促进了学生生命走向自觉。

"作为淮高创客团队的一员，从初见的仰慕，到深知的赞叹，我见识了3D打印机的神奇，了解到编程的无限可能。在创新发明的探索中，新点子也不时在我脑中闪现，思路变得逐渐清晰，思维向前跨越了一大步。我也在思考，发展中的中国，速度已然让全世界瞩目，但从中美贸易战中，国人也深深感受到掌握核心技术的重要性。只有越来越多的人认识到创新发明的重要性，并为之付出心血和努力，我们的祖国才会越来越强大。现在是最好的时代，也是最需要我们青年担当的时代。继往开来，为了祖国的未来，我们义不容辞！"

——学生创客活动感想

在内容丰富的创客活动中，学生接触到当今先进科技的前沿，如3D打印行业、无人机行业、机器人领域的发展状况，能够更清晰、更直观地了解到国家在快速发展、崛起过程中的一些短板，提升自身理性看待现实的能力，从而自觉地将个人的成长与时代发展结合，将人生价值与国家的需要融合。

教育的本体是生命，活动的主体是学生。学生的成长才是学校教育最根本的价值体现。我们开展的创客活动基于明确的目标导向，全面营造创新氛围，激发学生的创新兴趣，调动学生实践探索的积极性，促进学生把书本知识与实际经验结合，进一步拓宽学生的视野，发掘学生潜能，培养学生的学习能力、思维能力、实践能力和创新能力。

2. 促进了教师的生命成长

教育是生命对生命的影响，教育教学从来就不是单向的活动，教师的"教"与学生的"学"始终是相互依存、相互促进的，师生生命是有机统一的整体，很多时候是同频共振，"结伴"前行的。创客教育实践过程不仅促进了学生的发展和成长，也有效促进了教师的专业发展。

创新教育是一种能力教育、思维教育，而不是单纯的技术培训。因此，我们开展学校创客活动，对指导教师个人能力和素养的要求很高。创客教师必须努力积累多学科的知识，积极探索培育创客精神与创新思维的途径，不断提升自身激发学生动手实践示范的本领。如此一来，在带领学生捕捉灵感、辅助学生利用已有知识完成创新作品的过程中，教师的专业能力也得到了发展。

"从2016年开始接触创客教育，继而成为学校创客教师的一员，到现在已近八个年头。这些年来，与这些思维活跃的孩子们在一起，无形之中受到的感染，让我这个沉闷的理科男也慢慢变得活跃起来。

时间愈久，我愈加深刻体会到创客教育不仅增长了我的知识，拓宽了我的视野，还转变了我的思维方式，提升了我对教育的理解，改变了我原有的师生观念，可以说是助我实现了职业生涯的一次飞跃。"

——摘自创客指导教师年度工作总结《创客空间，激发了我的生命潜能》

3. 促进了学校创新发展

创新氛围的营造、创新体系的形成、创客活动的开展、创客教育的成果，这些都充分彰显了淮滨高中师生的创新精神和创造智慧，促进了学校的特色与创新发展。

基于"教育：生命对生命的影响"思想引领，我们立足学校培养目标，不断更新教育理念，大力推进创客教育，激发学生创新动力，提升学生创新素质，生成学生创新品格，创新成果日趋丰硕。

2017年4月，参加首届中国（上海）国际发明创新博览会，获得9金10银12铜。

2017年5月，参加河南省中小学电脑制作活动机器人比赛，WER项目获得2项省级二等奖。

2017年，获评河南省中小学知识产权普及教育实验基地。

2017年11月，参加第二十二届全国发明展览会暨第二届世界发明创新论坛，获得专项奖1项、金奖1项、银奖2项、铜奖1项。

2018年4月，参加第二届中国（上海）国际发明创新展览会，获得金奖11项、银奖11项、铜奖9项。

2018年10月，在2018年全国中小学"创新教育"优秀论文与学生作品案例征集活动中获评"优秀创客空间"。

2018年，获评河南省中小学创客教育示范校。

2018年11月，参加第十届国际发明展览会暨第三届世界发明创新论坛，获得专项奖1项、金奖3项、银奖4项、铜奖4项。

2019年5月，参加第三届中国（上海）国际发明创新博览会，获得金奖11项、银奖11项、铜奖8项。

2019年11月，参加第二十三届全国发明展览会，获得银奖3项、铜奖7项。

2020年12月，参加第十八届全国中小学信息技术创新与实践大赛（NOC）决赛，4人荣获二等奖、2人荣获三等奖。

2021年4月，参加第四届中国（上海）国际发明创新展览会，共有44个项目220人获奖，其中金奖22项110人、银奖17项85人、铜奖5项25人。

2022年，在多项赛事中取得了突破性硕果，尤其是国家创新赛事、传统科创赛事和教育部公布的白名单赛事，如150名学生在第五届中国（上海）国际发明创新展览会上摘金夺银、10名学生成功入围第八届中国国际"互联网+"大学生创新创业大赛萌芽赛道总决赛、6名学生在全国信息素养提升实践活动进行展示、4名学生在世界机器人大赛总决赛中获奖、2名学生在第八届全国青年科普创新实验暨作品大赛中获奖、学校荣获第35届河南省青少年科技创新大赛优秀组织奖。

创新无止境，教育践于行。党的二十大报告强调要"培育创新文化，弘扬科学家精神，涵养优良学风，营造创新氛围"。我们基于学校培养目标，立足学生生命的丰富与生成，积极弘扬"勇于冒险、崇尚创新、追求成功、宽容失败"的创新文化，积极开发培养拔尖创新人才的校本课程，构建创新人才培养体系，"小创客"不断涌现，"大未来"前景可期，学校特色与创新发展成效日益彰显。

陶行知先生认为创造型人才具有"敢探未发明的新理，敢入未开化的边疆"的精神，我们坚持开展创客教育活动，鼓励创新创造，正是为了培养学生这种可贵的创造精神。我们从不刻意追求所谓的成果和荣誉，但有时候，生命的成长真的是一种水到渠成。在生命对生命的影响中，我们的学生不断提升创造能力，生成创新品质，彰显生命智慧，展现生命精彩。

第三节　实践活动：提升生命价值

综合实践活动包括研究性学习、社区服务与社会实践、劳动与技术教育、信息技术教育等内容。2017年9月，教育部印发的《中小学综合实践活动课程指导纲要》明确指出："综合实践活动是国家义务教育和普通高中课程方案规定的必修课程，与学科课程并列设置，是基础教育课程体系的重要组成部分。"为全面贯彻党的教育方针，坚持教育与生产劳动相结合、教育与社会实践相结合，引导学生深入理解和践行社会主义核心价值观，充分发挥中小学综合实践活动课程在立德树人中的重要作用，我们基于"教育：生命对生命的影响"教育思想，从学生的真实生活和发展需要出发，积极开展各种综合实践活动，培养学生跨学科实践的综合素质，丰富学生的生命内涵，提升学生的生命价值。

一、秉承追求，强化担当意识

陀思妥耶夫斯基曾说过："要想获得一种见解，首先就需要劳动，自己的劳动，自己的首创精神，自己的实践。"基于"密切课程内容与生活和时代的联系""改善学生的学习方式"等新一轮基础教育课程改革目标指向，我们立足学校培养目标，秉承"为学生生活幸福奠基，为学生生命精彩引航，为学生使命担当铸魂"的价值追求，深入挖掘综合实践活动的内涵和意义，积极探索开展综合实践活动的途径和策略，强化学生勤于实践、勇于担当的责任意识。

（一）全面发展与个性需求结合

教育的目的是生命成长，我们所开展的综合实践活动应着眼于每一个学生全面而有个性的发展。因此，我们秉承学校价值追求，引领学生通过实践了解生活、热爱生活，培养生活幸福的品质；强调学生通过实践增强探究和创新意识，学习科学研究的方法，发展综合运用知识的素养，提升生命精彩能力；鼓励学生增进与时代、与社会的密切联系，培养社会责任感，铸就使命担当精神。

一方面，指向学生的全面发展。我们认为，一个人接受教育不是智力和技能的单方面改变，而是整体生命都参与了"被作用"的过程，包括他的情感、态度、思维、品格、气质、意志等，都会受到不同程度的影响。每一个接受教育的人，所获得的都不只是表层上的知识或能力，还有内在的经历和素养。因此，我们组织开展的综合实践活动不仅关注学生知识、技能的习得，而且关注他们情感的体验、态度的养成、价值观的确立等能够影响其生命整体发展的内在要素。我们所组织的活动能从学生的现实生活出发，注重学生人格的完善，从多方面满足学生的需求，促进学生全面健康成长。

另一方面，关注学生的个性需求。人的个性品质体现为自主性、独特性、创造性，学生在成长的过程中不仅要增长知识、提升能力，而且要发展情感、生成意志、树立价值观，因此高质量的综合实践活动要能满足学生的个性发展需求。此外，对客观世界的体验，不同的人会有不同的感受。学生的体验具有很强的主观性、情感性和个别性，我们基于生命成长组织开展学生综合实践活动，无论是研究性学习、社区服务与社会实践，还是劳动教育，尽管活动内容不同，具体目标与侧重点不同，但都关注学生的认知、情感、态度、价值观等的协调发展，都强调让学生自主而创造性地参与各种活动，增强体验性。

生命的影响是一个不断点燃、点悟和点化的过程，也是一个由点而面、由面而全的过程。学生通过参与丰富多彩的实践活动，从不同角度、用不同方法体验、感悟、探究、发现，在体验和感悟中不断认识自己、认识世界，在探究和发现中不断完善自己、超越自己。

（二）科学教育与人文教育融合

基于培养综合型、复合型人才的时代需求，我们所开展的综合实践活动注重科学教育与人文教育的融合，一方面是对学生科学思想、科学方法和科学精神的培养，通过活动激发学生与生俱来的对周围世界的探究欲和好奇心；另一方面是在活动中关注学生文化内涵的形成、理想人格的塑造、人生境界的提升，强化学生的责任和担当意识。

我们认为，任何知识都不是孤立存在的，多学科知识相互交叉、融合，能够形成新的知识，有效提升一个人的综合能力和素养。例如，我们所开展的研究性学习注重提高学生的科学研究能力，包括发现问题、分析问题、解决问题的能力，以及运用科学的思维和适当的方法对未知领域进行科学探索的能力，帮助学生掌握基本的科学方法，形成严谨的科学态度。同时，我们注重实践活动过程中的人文教育，培养学生社会观察、社会实践、社会调查的能力，引导学生关注人类自身的命运，提升他们对社会、对国家的责任感和使命感。

再如，我们所开展的劳动教育活动，不仅让学生在活动中掌握基本的劳动知识、技能，而且帮助学生形成正确的劳动观念和劳动态度。我们所开展的社区服务和社会实践类活动，培养了学生齐心协力、互帮互助的团队精神，促使学生养成了良好的行为习惯，使学生树立"造福人类"的人文价值观，正确理解人与自我、人与社会、人与自然的关系，增强了学生的公民意识，提升了学生为社会的繁荣和进步、为国家和世界的前途而不断努力的责任担当与奉献精神。

（三）课程内容与学习方法配合

"综合""活动""实践"是综合实践活动课程的核心概念，也是其实施的方法途径。既然教育的本体是生命，教育是为了人的成长和发展，那么，我们所开展的综合实践活动就应从学生的实际出发，给学生提供充分的体验、实践和交流的机会。传统的分科课程偏重概念、原理、公式、法则的传授和记忆，而对于获得这些知识内容的方法和过程，如观察、测量、调查、实验、分析、比较、评价、资料的收集与整理等却未能足够重视。为有效促进学生在活动中成长，我们开展综合实践活动兼顾学科知识的学习与学习方法的指导，强调教会学生学习，促进学生掌握科学的学习方法，培养学生良好的学习品质，提高学生自主学习能力。

为了让每一个学生都能参与到具体的综合实践活动中，我们立足现实积极开发活动资源，拓展活动空间，创新活动形式，丰富活动方法，调动学生的参与积极性，指导学生掌握和运用多种知识和方法解决实际问题，在提升学生综合能力的同时，也强化了学生的主体意识，培养了学生的社会责任感。

二、搭建平台，丰富活动内容

综合实践活动内容丰富，形式灵活，影响深远，对于学生的发展具有非常重要的意义。2001年，综合实践活动课程正式进入国家课程，成为与其他学科课程并列的一种课程形态与领域，改变了长期以来单一学科课程一统天下的局面，对于优化课程结构、转变课程实施方式，培养学生的创新精神、实践能力和健全人格具有重要的价值，是新课程体系的一大突破点、增长点和闪光点。

基于"教育：生命对生命的影响"教育思想，我们结合学校特色和学生成长需求，确立活动开展的基本原则，规范活动课程实施，挖掘特色资源，搭建各类平台，丰富活动内容，探索形成系统的实施途径和有效策略，以拓展学生的生命宽度，丰富学生的生命内涵，强化学生的使命担当。

（一）基于"生命"确立基本原则

综合实践活动课程是一门集德育、实践和创新于一体的课程，有着重要的育人功能。为避免学校综合实践活动课程出现主题偏化、形式僵化等问题，我们坚持以人为本，基于"生命"确立课程实施及活动开展的基本原则。

1. 自主性

我们组织开展的各类综合实践活动注重体现学生的自主性，重视学生个体的目标取向，鼓励学生自主选择、独立创造。学生可按照课程的一般目标，根据自己的兴趣和需要自主决定参与哪种类型的活动项目，可结合自身条件和现有水平选择活动内容和参与方式。以研究性学习为例，从具体的研究课题的选择、研究目标的确定，到研究任务的落实和研究方法的采用，都由学生自己规划和设计。这种基于自主性原则所组织开展的综合实践活动，为学生主动自觉发展提供了一个自由、宽松的学习环境，营造了舒畅、融洽的心理氛围。

作为学生生命的影响者、学生成长的引领者，我们教师也要善于在活动中抓住教育契机，适时适度加以引导和评价，以点燃学生的创造精神，点悟学生的美好心灵，点化学生的生命智慧。例如，当学生在实践活动中遇到难以逾越的障碍时，教师应给予适当的帮助；当学生在具体的活动情境中发现新的问题时，教师要及时挖掘其中的价值，引导学生通过探索更好地把握知识之间的互通性和联系性，鼓励学生不断发现新问题、获得新突破，以达到通过活动促进学生自我教育、持续发展的目的。

2. 探索性

学生的品质和能力是在实践探索的过程中"生成"的，因此我们组织开展综合实践活动特别注重引导学生在学习过程中"探索"与"发现"。活动课程内容通常以主题的形式呈现出来，学生的学习活动围绕某一主题或某一个需要解决的实际问题展开，教师的主要任务不是给出答案，而是为学生的探索和发现提供机会与帮助。让学生通过自己的探索来学习，非常有助于激发学生对活动本身的兴趣，这种内在的兴趣也是学生保持学习热情的动力源泉。学生在实践探索过程中，为了找到解决问题的办法，要选择合适的方法进行调查、研究，要全面调动自己的情感、意志等因素来参与探索活动，他们在获取答案的过程中要努力寻找和掌握解决问题的方法和技巧，会经历痛苦、迷茫、失望、喜悦、满足等种种情感变化。因此，学生的探索和发现过程是课程内容与学习方法交织的过程，更是把知识学习与人格养成融为一体从而生成品质、提升价值的过程。

基于探索性原则，我们在开展综合社会实践活动中，通过组织参观、访问、考察、研究、实验、研学旅行等多种方式，为学生创设一定的问题情境，激活学生原有的知识储备，激发学生探究动机，促进学生通过利用多种手段、多种渠道在开放的情境中收集和加工处理信息，锻炼提升自身综合运用知识解决问题的能力，同时拓展和提升自身的情感世界及人生境界。

3. 合作性

任何人在这个世界上都不是孤立的，人要学会合作。生命的精彩体现于生命品质和素养的提升，学会合作是学生综合素养的重要内容。教育是一种促进个体社会化的实践活动，是发生在一定场域的"生命影响"。一项研究课题、一次社会服务或劳动实践，往往需要多人合作、多组合作、社会多方人员共同参与才能顺利完成，与传统的课堂教学相比，这种走进社会、在具体的场景中所开展的内容丰富、形式多样的交流与实践活动，并不局限于师生交往、生生交往，而是多个生命体的相互联系和彼此影响。因此，我们把综合实践活动视为一种生命交往合作的过程，强调把学习活动与社会活动结合起来，鼓励师生在社会和时代这种广阔的天地中进行多边、多向、多层次的人际交往，发挥相互作用。

基于合作性原则，在开展综合实践活动中，我们注重构建生命影响的场域，疏通生命交往的渠道，选择真实生动的活动情景，为学生提供多种交往的条件和机会，指导学生综合采用多种交流形式，通过协同合作完成目标任务，共享成功的喜悦。这种交往合作不仅能够促进学生能力和智力的发展，还有助于学生正确认识和客观评价自己，懂得尊重和理解他人，学会沟通与合作，形成民主素养和团队精神。

（二）基于"生成"规范实施过程

教育教学是一项有目标、有计划的特殊认知活动，要想持续高效地开展学生综合社会实践活动，达成课程培养目标，必须大力推进学校综合实践活动课程的规范化、常态化，建立并不断完善相关的管理制度。

1. 完善方案制度

为全面贯彻落实"教育：生命对生命的影响"教育思想，提高学生的自主、自学、自律能力，激发学生的参与意识和探究精神，培养学生的社会责任感，促进学生德、智、体、美、劳全面发展，我们结合学校培养目标，制定并不断完善《淮滨高中基于生命成长的综合实践活动课程实施方案》《淮滨高中综合实践活动管理办法》《淮滨高中综合实践活动评价方案》等一系列方案制度，用以规范课程的实施过程，保障活动的成效，让学生真正成长在活动中。

2. 明确目标指向

根据《中小学综合实践活动课程指导纲要》相关要求，我们开展综合实践活动课程体现四个目标指向，即"价值体认、责任担当、问题解决、创意物化"，最终目的是通过课程学习提升学生的核心素养，促进学生生命全面发展。通常我们都是以主题活动的形式开展综合实践活动课程，如果主题活动目标不明确，我们的教学活动目的、活动内容以及活动方式的设计就有可能偏离我们的"初心"。因此，我们基于"活动中成长"的学生发展理念，活动前，科学论证主题活动的价值和意义，确立具体的目标指向；活动中，不断对标活动主题和既定目标任务，出现偏差时及时调整；活动后，根据学校总体评价方案结合具体活动评价指标，及时总结分析，对实践活动中表现突出的先进集体、个人给予表彰，并将学生参与综合活动的表现作为综合素质评价的重要内容录入学期考核档案。

3. 注重启发生成

教育是生命对生命的影响，综合实践活动的开展就是构建生命影响场域、促进师生共创的过程。孔子曰："不愤不启，不悱不发。"我们不断探索创新综合实践活动课程的常态化实施策略，在构建课程内容体系、进行活动方案设计、优化学生学习方式中注重通过"启发"促进学生综合能力和核心素养的"生成"。尤其是在开展活动过程中，教师在指导、协助学生设计解决问题的方案、权衡学习探究的基本方法时，注重启发思路、提供线索，而不是把学生的探究引向一个已有的结论。此外，我们在对活动成效进行考核评价时，关注学生在教师的启发和引领下开展学习探究活动的独特性和创新性，着重考查和肯定学生在探究学习过程中思维品质的形成和品德素养的提升。

（三）基于"成长"丰富活动内容

为拓展生命影响场域，丰富学生生命内涵，我们基于"促进学生生命成长"的活动目标，以"提高学生综合素质、培养学生责任担当"为宗旨，结合社会发展需要、学校实际情况以及学生的个性特征，以"活动"为主要形式，以"实践"为主要环节，努力丰富综合实践活动内容，引领学生积极参与到丰富多彩的活动中去，使学生在"动手""考察""实验""探究""设计""制作""想象""反思""体验"等一系列活动中，体验和感受生活，发现和解决问题，掌握科学的研究方法，发展综合应用知识的能力，同时增进学校与社会的密切联系，培养学生的社会责任感，促进学生全面、和谐、充分发展。

1."培养生活幸福品质"系列活动

幸福不仅是物质的，更重要的是精神及其背后的知识承载量。法国作家拉伯雷说："人对知识的追求是人全面发展的动力。"法国天才空想社会主义者圣西门指出，在精神层面上，幸福指的是："很高的智力发展水平，很强的美术鉴赏能力，丰富的关于自然规律和自然现象变化方式的知识，普遍的人与人彼此善意相待的态度。"幸福是每个人的追求，"为学生的生活幸福奠基"是我们教师的价值追求。

我认为，只有一个具有乐观、善良等美好品格，懂得感恩和珍惜的人，才能感知生活的幸福，因为心怀感恩并付诸行动的人往往物质追求更少，抱怨更少，生活幸福指数更高。此外，幸福本身并不是结果，而是伴随着力量增长的体验。为培养学生生活幸福的品质，我们开展了一系列主题活动，引领学生在活动中提升生活能力，形成优良品质。

例如，学校定期组织开展"学会感恩，幸福成长"主题综合实践活动，通过感恩主题演讲比赛、为感恩对象写一封信或制作一张卡片、利用所学知识为社区做一件实事等，让学生认识到感恩不仅是一种品德、一种文明，更是一种责任，是社会中每个人都应遵循的基本道德准则。人有了感恩之心，才能于世界和日常生活中发现美好，人与自我、人与自然、人与社会才能和谐相处、共同发展。我们自身也会因心存感恩而充满善意和愉悦，感恩所激发的美好体验会滋润我们的生命。

再如，我们开展"关爱老人，传递温暖"等综合社会实践活动，积极弘扬中华民族传统美德，引导学生孝敬老人，奉献爱心，传达善意，用心去感受"孝"之美德所带来的幸福和感动。

通过开展综合实践活动，我们引导学生追求这种伴随着生命的创造和提升而愈加厚重的幸福。这种幸福来自体验，来自拼搏，来自对未知探索的好奇，来自生命里不断创造的喜悦，因为真正让人感到幸福的是能够发现生命的意义，能够体现自身的价值。

2. "提升生命精彩能力"系列活动

教育是生命对生命的影响，当将"教育"的形式理解为"影响"时，我们就不能仅仅停留在学生的当下，而要着眼于学生的未来。我们开展基于"生命成长"目标指向的综合实践活动，旨在引领学生获得经验，凝聚智慧，提升发展能力，成就生命精彩。为此，我们积极探索，挖掘特色活动资源，拓展活动领域，定期组织开展研学旅行、项目研究等主题活动，让学生的身体和心灵一同行走在中华大地上，在一次次活动、一个个具体项目中磨炼坚忍心志，培养良好习惯，掌握科学方法，展现自我风采。

例如，我们每学期组织学生开展主题研学旅行活动，从农村到城市，从自然风光到人文景观，让一批又一批的淮高学子在观察和体验中学习着，体验着，快乐着，成长着。

顾明远先生说："教育的本质是什么？就是培养学生的思维，思维可以改变世界。研学旅行的目的是什么？就是开阔学生的眼界，通过开阔眼界，使其思维更开阔。"研学旅行作为教育改革的关键措施，正在创造性地改变学生的学习方式，为学生提供一个多渠道获取知识并将所学知识综合应用于实践的机会，通过实践培养、锻炼、提高学生的关键能力。

我们开展提升学生"生命精彩能力"的系列综合实践活动，目的就是提升学生的学科素养和独立思考能力、打破不同学科之间的壁垒，倡导学生用自己的眼睛观察社会，用自己的方式探究问题，用自己的心灵感受人生，在活动过程中参与、体验、总结、反思，身体与心灵一同行走，理论与实践结合，以增加生命厚度，丰富生命内涵，促进生命成长。

3. "铸造使命担当精神"系列活动

责任是人类社会永恒的话题之一。习近平总书记曾说过："国家的前途，民族的命运，人民的幸福，是当代中国青年必须和必将承担的重任。"基于立德树人根本任务，我们应为党育人，为国育才，培养国家的栋梁、民族的希望。为此，我们秉承"为学生的使命担当铸魂"的价值追求，努力挖掘地方和学校特色资源，丰富综合实践活动内容，开展指向"铸造学生使命担当精神"的主题系列活动。

例如，我们响应党中央"加快生态文明体制改革，建设美丽中国"的号召，立足家乡开展"建设美丽家园从我做起"综合实践活动，引领学生从生活实际和发展需要出发，通过对家庭及周边人居环境现状的调查，提升学生建设美丽家园的责任感；通过环保知识宣传，增强学生参与环保的主体意识；通过家务劳动作业化，提高学生的劳动素养，形成良好的劳动习惯，养成积极的劳动态度；通过撰写综合实践活动报告和活动成果展示，提升学生从实践中发现问题、解决问题的能力。

使命担当是永不消失的精神，是发愤图强的动力，是应与人终身相随的美德。担当责任的人有一种惊世骇俗的勇气、赴汤蹈火的壮举、舍己为人的精神，担当责任的人因自己有所创造而自信自强，因自己有所奉献而幸福满足。在"教育：生命对生命的影响"教育思想引领下，我们肩负时代使命，引领青年、凝聚青年、服务青年，铸造青年学子"为国、为民、为天下"的使命担当精神，突出活动主题，创新活动方式，丰富活动内容。例如，在中国共产党成立100周年之际，我们开展"十个一"系列活动：一起学党史、一起办实事、一起缅怀、一起诵读、一起歌颂、一起志愿、一起研学、一起书绘、一起科创、一起摄影，让学生通过参与体验、调查、研究、展示等活动，点燃学习热情，生成优良品质，强化使命担当。

世界是丰富多彩的，生活是丰富多彩的，生命是丰富多彩的，学生的活动也应是丰富多彩的。基于"生成"的活动理念，我们不断丰富学生活动的内容和载体，让学生在活动中体验快乐、收获知识、提升能力、增长智慧，真正实现"细微处育人、活动中成长"。

三、注重实效，成就使命高度

当今时代，教书育人不再是传统狭义的知识传授与技能习得。探索综合实践活动育人新途径，全面挖掘综合实践活动的育人价值，是我国基础教育领域人才培养模式的重大创新。我们以人为本，立足教育的本体——"生命"，以"促进学生成长"为目标，以情感、能力、品质、精神等的"生成"为效果评价标准，把生活情境中的问题转化为活动主题，让学生在丰富多彩的活动中体验生活、获取知识、形成能力、培养品质和完善人格。

（一）参与中收获

综合实践活动强调让学生积极参与，亲身经历，动手去做，让学生在各种活动中获得关于社会、关于生活的真实感受，这种切身感受是学生形成认识、转化行为的原动力，也是他们情感、态度、价值观健康发展的基础。

我们在开展综合实践活动过程中，通过多种途径为学生提供现实具化的情境，让学生走出课堂，置身于广阔的大自然和丰富的社会生活中，通过亲身经历、实际操作获得丰富的体验。为保障每次活动的实效，我们根据活动内容特点，灵活采用参观、访问、调查、实验、测量、采访、宣传、郊游、野营、劳动、公益服务、创新设计、实际操作等能调动学生多种感官参与的方式，时间的长短、具体过程安排则根据活动的实际需要进行调整。我们坚持"用心才能把事情做好"的行动理念，精心筹备形式多样的主题活动，让学生学会思考和表达，学会选择和坚持，学会沟通和协作，学会更加理性地认识自己、看待生活、规划人生。

（二）感悟中提升

生命的自我提升、自我超越离不开深刻的感悟。感悟是人们对特定事物或经历所产生的感想与体悟，是支撑生命向高层次迈进的最有价值的"生成"。

真正的感悟源自人们的亲身经历和感受，我们积极开展综合实践活动，将学校、家庭、社会、自然等有机融为一体，拓展学生的学习空间，改变学生的学习方式，让学生在关注自然、关注社会、关注生活的真实环境中成长，让学生在成长过程中积极融入社会、了解社会、服务社会，在经历和感受中感悟、提升。

（三）担当中成长

党的十八大以来，习近平总书记围绕"青年的责任担当"作出一系列重要论述，如在党的十九大报告中指出："中国梦是历史的、现实的，也是未来的；是我们这一代的，更是青年一代的，中华民族伟大复兴的中国梦终将在一代代青年的接力奋斗中变为现实。"在党的二十大报告中指出："立志做有理想、敢担当、能吃苦、肯奋斗的新时代好青年，让青春在全面建设社会主义现代化国家的火热实践中绽放绚丽之花。"青年一代要承担使命，需从小树立理想信念，积极参与实践，培养实干精神，强化自觉意识，在实践中锻炼，在担当中成长。

责任担当是学生发展核心素养的主要内容之一，我们以"为使命担当铸魂"为价值追求，基于社会和生活现实开展主题综合实践活动，注重激发学生创造自我价值的使命感，促进学生自觉承担起对个人、对家庭、对社会、对国家、对人类文明的责任与使命，厚植家国情怀，铸就担当精神。

精神在活动中锻造，能力在实践中生成。综合社会实践活动是学校实现育人目标的重要载体，我们通过充分开发、利用学校和社会活动资源，开展指向明确、成效显著的实践活动，促进生命影响，激发生命共鸣，丰富生命体验，让学生在活动中审视自我、了解社会，学会思考和学习，积极行动与担当。

教育的真谛是帮助人成就最好的自己，让每个生命都获得充分发展，让个体的独特性发挥到极致，并能够以不懈努力为国家、为民族、为人类做出自己特有的贡献，从而实现自己的人生价值。因此，我们的学校教育不仅要引导学生通过既定的课程内容、固定的课堂学习获得知识、提升能力、丰富精神，而且要立足特色、结合实际、拓展路径，通过精心预设、系统策划，有效开展旨在守护生命本真、激发生命潜能、培育生命特质、生成生命智慧的学生活动。

在组织开展学生活动过程中，我们始终不忘教育即生活，坚持"五育"并举，促进学生德智体美劳全面发展。在"教育：生命对生命的影响"思想引领下，我们通过开展特色学生活动课程，让学生在活动中经历，在经历中体验，在体验中丰富，在丰富中生成，在生成中升华，发挥生命影响，追求成长自觉。

教育是生命对生命的影响，基于生命影响的深视角、平视角和长视角，我们将立足"生命"本体，继续深入挖掘"影响"的内涵，探索拓展"影响"的路径，以课程"滋养"，以课堂"对话"，以活动"生成"，在思考中行走，在行走中收获。

有什么样的学生，就会有什么样的未来。蔡元培先生说过："要有良好的社会，必先有良好的个人；要有良好的个人，就要先有良好的教育。"我心中的"良好教育"就是以生命影响生命，以生命提升生命；就是给生命美好的未来，给未来美好的生命。

结 语

爱默生说:"一个伟大的灵魂,会强化思想和生命。"在学校同质化现象严重、众多有识之士坚持努力寻求突破的今天,人们开始更多地关注教育的本质,思考办学的方向,探索不同的路径,构建适切的模式,以满足不同人的发展需要。的确,面对未来,我们需要重新审视教育的内涵,抓住教育的本真。

教育究竟要培养什么样的人?传统教育精神如何继承与发展?教育对生命的未来能够产生什么样的影响?

作为一名教育者,我始终对生命、对未来保持着新鲜与好奇,这种永不消退的热情也催动着我始终关注着这样一个问题:学校教育的价值应该怎样体现?

最本质的表达总是能够穿越时空引起共鸣。时至今日,阿尔伯特·爱因斯坦说过的那句话兀自闪光:"学校的目的应该是,一个青年人在走出校门时,是一个和谐的人,而不是一个专家。忘记了课堂上所学的一切,剩下的才是教育。"故而,我总在思考:当我们的学生走出校门,走向未来,抛开了课本和考试,忘记了知识本身,他们的生命体内会留下哪些对他们一生都有影响、有价值的东西呢?

教育的价值与时代的需求总是密切相关的。培养德智体美劳全面发展的社会主义建设者和接班人,这是新时代赋予学校教育的重要使命。而学校通过构建全面培养体系,开展指向影响生命的教育活动,不断提升学生的生活能力、学习能力和发展能力,促进学生自信、自明、自觉,最终成为生活幸福、生命精彩,能够担当民族复兴大任的时代新人,这正是我认为的学校教育的价值所在。

因此，我想我们的教育在关注生命、尊重个性的前提下，应致力于培养生活幸福的品质，提升生命精彩的能力，铸造使命担当的精神，要让未来的每一个生命都有自强不息的勇气、自我提升的才气、自由绽放的底气和自觉担当的豪气。

时代是思想之母，实践是理论之源。乌申斯基说："人类教育最基本的途径是信念，只有信念才能影响信念。"有什么样的信念，就有什么样的追求。"教育：生命对生命的影响"思想的产生源于多年的教育探索和办学实践，它是一种思想和信念，更是一种坚持与追求。

教育是什么？什么是教育？这是每一个致力于教育的人都不会停止思考的问题。面对生命的未来，我想起诗人食指的几句诗：

> 我要用手指那涌向天边的排浪，
> 我要用手掌那托住太阳的大海，
> 摇曳着曙光那枝温暖漂亮的笔杆，
> 用孩子的笔体写下：相信未来。